南懷瑾文化

金剛經說甚麼

上

南懷瑾 ◎ 講述

新版說明

《金剛經說甚麼》這本書，是二十多年前（一九九二年）首次出版的，七年後（一九九九年）曾經修訂再版。在我整理此書講記的過程中，因為前前後後，翻來覆去看過幾十遍了，所以出版成書後就不想再看了。

想不到此書問世後，立刻成為出版社暢銷排行第一名，且遙遙領先第二名。後來簡體字版也同樣暢銷，並且歷久不衰。這個現象充分說明了一件事，就是《金剛經》在中華文化中所受到的重視，以及在人們心目中的特殊地位。

二十多年後，在重新校訂由「南懷瑾文化」出版之際（北京東方出簡體字版），再讀此書，心中感慨萬千，因為經過二十多年的苦樂人生，始能稍解先生所講之深義，真理是在平常日用之中。

本書前半部是講理，後半部是講修行。人道完成，抱本參研而行，就是走上超凡入聖的大道了。這也就是《金剛經》的可貴之處吧。

重讀這本書，發現頗有須加修訂之處，並非內義有任何不妥，因為書稿是經過先生親自審閱過的，只是有些文句似乎易生錯解，有些文辭略欠清晰罷了，當然錯別字也在所難免，還有把須菩提說的一句，錯解為佛說的。

再三重讀本書之餘，特別覺得不可忽略的是，全書最後的總結，以及先生每品的偈頌，令人有畫龍點睛之感。

此次修訂後，分上下兩冊印刷，十六品之前講道理，為上冊；十七品之後講修行，為下冊。字體稍大，以便利閱讀。

參加修訂、校對工作的，仍是老學友們，彭敬、牟煉、宏忍師等，工作總算完成了，謝天謝地！

劉雨虹 記

二〇一四年十二月

再版說明

這本書在初版時，有些急就章，以致版面、字體等，多處都不盡理想，雖計劃重新校編，卻未料七年後始克如願。

在這七年中，這本書得到讀者們的巨大共鳴，不但在台港暢銷，更在大陸暢銷，由此可見《金剛經》千餘年來在中國文化上的重要地位。

經文中有一句說：「云何應住？云何降伏其心？」這句話通達儒家以及任何學派的修養教化。類此的還很多，所以說《金剛經》是超越宗教的，也是最上乘的。

又因《金剛經》的經文難懂，而南老師的講解出神入化，淺顯易明，所以受到讀者們的歡迎。

有讀者曾對經文提出異議，《金剛經》的譯文版本有好幾種，大同小異，這本書所採用的，是鳩摩羅什的譯本。

本書再版過程中，李淑君細心校正，使書中微末細節處，更加清晰明瞭，功不可沒。其他幫忙的人也很多，在此一併向他們致謝。

劉雨虹記

一九九九年十一月台北

出版說明

南懷瑾教授在台的數十年教化歲月中，曾經多次講解《金剛經》；因時代不同，對象不同，講解的方式和重點也各次不同。

現在的這一本書，是一九八〇年的講記。當時十方書院甫自成立，《金剛經》這一門課程，是為書院的學員及研究生而開，其他院校哲學系的同學，以及許多老修行們，常隨眾等，亦聞風而來，聽講者共約一百餘人。每逢上課時間，復青大廈的十一樓，擠得水泄不通。

由於這次的聽眾，對佛學都有相當基礎，對《金剛經》尤不陌生，故此，懷師的講法深入骨髓，可說是歎未曾有！真正是：為上乘者說，為最上乘者說！

一九七八年懷師講了「如何修證佛法」，兩年後再講《金剛經》；因機緣特殊，對經中的疑問及似解難解之處，剖析得淋漓盡致；讀後雖不悟，亦得其門矣！

感謝永會師及圓觀師先行錄音記錄，再由編者整理並加標小題；宏忍師及李素美小姐等多人幫忙校對，在此一併致謝。

由於《金剛經》的超越哲學及宗教的特性，懷師定了一個平凡的書名《金剛經說甚麼》。

師曰平凡，即非平凡，是名平凡。

劉雨虹 記

一九九二年八月

目錄

第一品

第二品

善現啟請分 67

第三品

大乘正宗分　102

第四品

妙行無住分　138

第五品 如理實見分 165

第六品 正信希有分 181

第十品　莊嚴淨土分 260

第十四品　離相寂滅分 317

第十五品

持經功德分 361

第十八品

一體同觀分

眼者心之機
天眼是什麼
慧眼　法眼　佛眼
無量數的宇宙世界
無數量的心
你的心
永遠得不到的心
　第十八品偈頌

第十九品

法界通化分

福德不可得
無人希罕的福
　第十九品偈頌

第三十一品　知見不生分

見不是見
知即無明本
如是知見
我們自己的法相
我要過去　你過來
第三十一品偈頌

第三十二品　應化非真分

應化非真
內聖外王菩提心
學佛的懶人
離經的四句偈
夢幻中如如不動
第三十二品偈頌

總結論

後記

超越宗教的大智慧

今天要講的《金剛經》，在中國文化中，是影響非常大的一部佛經。千餘年來，不曉得有多少人研究《金剛經》，唸誦《金剛經》，因《金剛經》而得到感應，因《金剛經》而悟道成道。《金剛經》是佛經典中很特殊的一部，它最偉大之處，是超越了一切宗教性，但也包含了一切宗教性。我們研究《金剛經》時，不能將它局限於佛教的範圍，佛在《金剛經》裡說：「一切賢聖，皆以無為法而有差別」，這就是說，佛認為古往今來一切聖賢，一切宗教成就的教主，都是得道成道的；只因個人程度深淺不同，因時、地的不同，所傳化的方式有所不同而已。

《金剛經》的這一個重點，徹底破除了一切宗教的界限，它與佛教另一部大經——《華嚴經》的宗旨一樣，承認一個真理、一個至道，並不認為一切宗教的教化僅限於勸人為善而已。在座的諸位先生女士們，大概也各有不同宗教的信仰，我們今日研究《金剛經》，先把自己觀念意識裡宗教的界限和形式放在一旁，然後再來研究《金剛經》的要點與精神，這樣才會得益。

在所有的佛經，以及後世菩薩高僧大德們的著作中，《金剛經》在學術的分類上，歸入般若部，所以叫作《金剛般若波羅蜜經》。什麼叫般若呢？大致上說，大智慧就叫作般若。因為過去翻譯佛經的原則是，觀念不完全相同的字不翻，寧可譯音再加以註解。就像現在中西文化交流，遇到翻譯氣字（氣功的氣、修道的氣）就不能翻，因為不能譯成瓦斯，也不能譯成空氣，或其他的氣。由於外文每一個氣都有一個專有的字，而中國字卻不同，氣字上面多加一個字意思就不同了。空氣、煤氣、電氣，就是人發脾氣，都是氣字上面加字不同而有異，所以單獨一個氣字只好翻音，然後再加註解。當時般若不譯成大智慧，也是這個原因。

所謂般若智慧不是普通的智慧，是指能夠了解道、悟道、修證、了脫生死、超凡入聖的這個智慧。這不是普通的聰明，這是屬於道體上根本的智慧。所謂根本的智慧，也是一個名稱，拿現在觀念來講，就是超越一般聰明與普通的智慧，而了解到形而上生命的本源、本性。這不是用思想得到的，而是身心兩方面整個投入求證到的智慧。這個智慧才是般若。所以「智慧」兩個字，不能代表般若的整個含義。

般若這個智慧包含五種，就是所謂的五般若，第一種是實相般若，第二種是境界般若，第三種是文字般若，第四種是方便般若，第五種是眷屬般若。五種的內涵就是金剛般若。

實相般若

實相般若就是形而上的道體，是宇宙萬有的本源，也就是悟道、明心見性所悟的那個道體。在佛學的文字上，悟道就是見到那個道體的空性，叫作實相般若，屬於智慧的部分。我們的聰明只是意識部分，局限於現有的知識範圍，以及現有的經驗與感覺想像的範圍。真正的道體是不可思議的，是不可以用我們普通的知識意識去思想、討論、研究的。大家要注意！他並沒有說不能思議啊！

「不可」是遮法，遮住、擋住，不准看，不可以用普通的知識、意識去推測、去思想道是什麼。假如實相道體能夠用思想得到的話，那還是屬於妄想意識的範圍。所以說不可思議，並不是說不能思議；因為這是修持求證的境界，不是思議的境界。

到了後世禪宗，講一個道字，無所在，無所不在，很難表達。如果講一個佛字，又帶了一個佛的觀念。雖然有時候佛法裡頭，佛字就代表了這個道體，但是一般人一聽到佛，腦子裡馬上想到大殿上那個塑得發亮發光的佛像，不免又著相了。所以，唐宋以後，禪宗乾脆不用道，也不用佛，就是這個，這個就是那個，那個就是這個，反正都是代名辭而已。《華嚴經》上說：叫它道也可以，天地也可以，上帝也可以，神也可以，主也可以，佛也可以，真如也可以，涅槃也可以，說了一大堆，一百多個名辭，反正這些都是代號，代表實相般若道體。世界上很多人都追求這個東西，找到了這個東西才認識了自己生命的本源，所以，實相般若是屬於般若中最根本的。

境界般若

這些年來，有許多外國同學研究如何翻譯「境界」兩個字，我說假使翻成外文的話，勉勉強強可翻譯成現象，但是那仍屬於自然界的觀念。境界就是境界，只能加註解，很難翻譯。譬如修道見道的境界，藥山禪師就講：「雲在青天水在瓶」，這是很自然的，天上的雲在飄，水在瓶子裡，擺在桌上，一個那麼高遠，一個那麼淺近，這就是個境界。又譬如唐人詩說：「千江有水千江月，萬里無雲萬里天」。

我們常在講悟道，或者般若的部分時，就會引用這兩句話。天上的月亮只有一個，照到地上的千萬條江河，每條河裡都有一個月亮的影子，就是千江有水千江月。萬里的晴空，如果沒有一點雲的話，整個的天空，處處都是無際的晴天，所以萬里無雲萬里天。這是一個很好的境界，很多禪師們因這些境界而悟道。

有一個和尚住茅蓬的時候，就寫了一副很好的對子：「萬里青天開笑口，三間白屋豎拳頭」。

像彌勒菩薩一樣，哈哈大笑，就是我們喜歡塑的一個咧嘴笑，大肚子的和尚，悟了道，什麼都空掉，什麼都喜歡。三間白屋就是三間空空洞洞的白屋，自己在那裡海闊天空。像這一類的文字，就描寫一種境界，但也並不足以代表悟道那個境界。我們的人生隨時有境界，痛苦的時候想到那些痛苦，痛苦還沒有來的時候，腦海中又隨時出現痛苦的威脅，這是苦惱的境界。高興的時候，又越想越得意。尤其年紀大的人，不大喜歡想未來，因為前面的路程太遠了，沒有力氣走了，專門回頭想少年時代的事。有時候自己坐在那裡想起來，還搖個頭笑一下，回味那個境界。這些都屬於境界，所以境界可以意會，不可以言傳。

此外，一個人修道，或者讀書，一步有一步的不同境界。像一個學藝術的人，今天有了一個新的靈感，或者畫一張畫，特別有一種心得，就是有他的境界。一個作水泥工的，今天突然一磚頭下去，用水泥一抹，特別平，心裡頭很舒服，原來這樣砌才好，這是他作水泥工時候的境界。所以，境界包含一切境界，修道人有一分的成就，境界就有一分的不同，有兩分的成就，就有兩分的不同。換句話說，人修持到了某一種境界，人生的境界就開朗到某一種程度。

至於我們沒有修道的人，有什麼境界呢？也有境界，就是一切眾生所有的苦惱境界。如古人詩中所講的：「百年三萬六千日，不在病中即愁中」。

這是普通人生的境界，不是煩惱，就是病痛，或者是衰老了、眼花了、頭髮白了，這就是人生苦惱境界。所以古人說：「學佛乃大丈夫事，非帝王將相所能為」，因為他的境界、氣派、胸襟與眾不同。這種不同的境界從哪裡來呢？從實相般若而來，是道體上所產生的，自然而來的。因此，真悟道的人，智慧開發是無窮盡的，佛學的名辭叫作無師智，也叫作自然智。自己本有的智慧倉庫打開了，不是老師傳授給你的，是你自己固有的智慧爆發了，天上天下，無所不知。這就是境界般若。

文字般若

我們曉得，文字本身就具備了智慧，文字也就是言語；因為把我們言語記錄下來，就變成了文字。中國人的言語思想符號就叫作中文，英語系統人的言語思想符號就是英文，其它法文、德文、俄文，都是代表他們的思想、言語的記號。文字有它的境界，我們大家都讀過書，都認得字，可是很少有人變成真正的文學家，因為優美的句子出不來，沒有文字的般若。有的人出口成章，話一講出來就是文章，每一句話都很優美、很漂亮，因為他有文學的境界，有文字般若。

《金剛經》在中國，為什麼那麼吃得開呢？是鳩摩羅什的文字般若所造成。他翻譯了很多經典，其中《金剛經》以及《法華經》，影響中國文化極大。尤其它文字的格調，形成了中國文學史上一種特殊優美、感人的佛教文學。此外還有《維摩經》的文字，也都很特別，是另創一格的文字意境。後來玄奘法師等人的翻譯，在文學境界上，始終沒有辦法超過鳩摩羅什，這就是文字般若不同的原故。

所以同樣的讀書學文字，並不一定能夠成為一個文學家。同樣的修道，有些只能夠成為修行人，而不能夠成佛，這與文字般若是絕對相關的。清朝有位歷史學家趙翼，也是大詩人、大文豪，他晚年寫了三首有名的詩，其中有一首說：

少時學語苦難圓　衹道功夫半未全
到老方知非力取　三分人事七分天

他說，年輕的時候學講話，講不圓滿，自己以為學問功夫還沒有到家。到年紀老了才知道，學死了也沒有用，因為努力只有三分，天才就要七分。不過這是指普通人而言，據我所知所見，有幾位大和尚，並沒有讀過書，也沒有上過一天學，一個字也不認識，悟道以後，詩好、文好，樣樣都好，那真是不可想像。

八十年前我的老師見過一個和尚，本來是一個剃頭師傅，挑個擔子在鄉下到處走，在滿清的時候，剃頭的孩子不准參加考試，限制極嚴。可是這位剃頭的大禪師悟了道，什麼都懂，無所不知。他也有一個廟子，是方丈圓寂時候，護法給他的。有人叫他楊和尚，有人叫他楊剃頭。一般讀書人去考他：楊和尚我有句話忘掉了，你看是出在哪本書裡？他說：這在那一本書第幾頁嘛！我老師年輕的時候很調皮，故意去問他《紅樓夢》上一句話，他都能回答得不錯，那怪極了。有一個很有錢的人抽鴉片，想戒也戒不掉，後來只有去求這個楊和尚，楊師父啊，你來幫我剃個頭。剃頭的時候鴉片煙癮發了，鼻涕、眼淚直流，很痛苦，這位楊剃頭在他背上拍了一下說：「脫了！」就是解脫，頭也幫他剃好了。從此以後，這個人也再不抽鴉片了。

這些是講文字般若，在悟道以後自然發生，不是憑我們的聰明來的。聰明是想出來的，想出來的沒有用。悟了道的人，他的記憶力也特別高，不光是年輕的事想得起來，前一輩子讀的書都知道。這個話，你們諸位聽了，大概覺得很稀奇，的確有這麼一回事。所以蘇東坡有一首詩說：「書到今生讀已遲」。讀書要早讀，這一輩子的書是為來生讀的。悟道的時候，過去千萬生讀的書都會搬出來，就是因為般若智慧都出來了。學問好的人記憶力強，一目十行；不會讀書的人，一個字一個字摳。有人看書，眼睛一瞄，這一頁就過去了，一目十行，日記千言，到老不衰，甚至老了記憶力更強。當然，這必須要定力，要有般若的智慧才行，這就是文字般若。

方便般若

佛經上經常講方便，假使我手裡沒有紙，請你給我一張方便方便，這可不是佛學的方便。西漢霍光大將軍，是大元帥，也是大宰相，西漢一代的天下，是他扶正的。可是歷史批評他四個字：「不學無術」，說他讀書太少，處理國家大事，在知識見解上，沒有恰當的方法，所以是「不學無術」。

術，不是手段，一個有學問有道德的人，要教化別人，自然有他無師自通的方法；作人做事，也自然有他高度的藝術。譬如說看佛經，他能夠用特殊的一種方法，把難懂的立刻就懂進去，最難表達的東西，他用一種方式表達出來，別人一聽就懂了，這就屬於方便般若。

我們都看到過千手千眼觀世音菩薩，一千隻手，每一隻手中有一隻眼睛，頭上有三隻眼睛。這位菩薩代表什麼呢？一個人有一千隻手，一千隻眼睛，你說這個人辦法多不多？當然很多。所以要真正做到大慈大悲，要具備有千手千眼那麼多的方便方法才行。像一個會魔術的人，隨手抓一個東西，都可以變一個魔術，這就是方便般若。

眷屬般若

眷屬般若是跟著悟道的智慧而來的，佛學名辭叫行願，用我們現在的觀念來說，是屬於行為方面的。也就是說，自然發起道德行為，一個人自然就成為至善的人。所謂眷屬就是親戚、朋友、家人等親眷。

般若的眷屬又是什麼呢？我們都曉得佛學講的六度，就是布施、持戒、忍辱、精進、禪定、般若。一個修持的人，如何布施，如何守戒，如何忍辱，如何做到禪定的修證工夫，然後才能大澈大悟而成佛。所以在般若的前面，就有這五個相關的眷屬，也就是五個行願，稱為眷屬般若。關於這方面，我暫時不作詳細的報告，因為《金剛經》的本身內容，就提到了這五樣事。

現在我們已經曉得般若所包含的內容這樣多，沒有適當的字可以翻譯，所以只能譯音了。般若的內容，包含了悟道之念，換句話說，這個修道的道念，本身就具備了這麼多的內容。

無堅不摧

現在我們手裡的這本《金剛般若波羅蜜經》，為什麼在般若上面加了金剛兩個字呢？金剛，在金屬之中最堅固，就像金剛鑽一樣，能破一切法。也可以說，能建一切法，而且無堅不摧，所以叫金剛般若波羅蜜。《金剛經》

有五六種不同的翻譯，我們慣用的是鳩摩羅什翻譯的這一種。有的翻譯，上面加「能斷」兩個字，意思是能斷世間一切苦痛、一切煩惱，而成聖成佛。所以稱為「能斷金剛般若波羅蜜」。可能鳩摩羅什認為，這種能斷的精神，已經包含在經文裡了，所以經名不需要特別再加上去。

所謂「波羅蜜」，一般的翻譯就是到彼岸，有些最後加一個多字，成為般若波羅蜜「多」。這個「多」字是尾音，現在的音來唸，就是摩訶般若波羅蜜多，拿古代的梵音唸，就是摩訶般若波羅蜜「達」。「多」就是「達」的音。大家慣唸的二百六十個字的《摩訶般若波羅蜜多心經》，常常有人把它稱為「多心經」，因為《西遊記》上，把這兩個字與上面切斷了，變成多心經。

現在我們講的這一本經，如果照含義來說明經名，就是：能斷一切法，能破一切煩惱，能成就佛道的般若大智慧，脫離苦海而登彼岸成就的經典。如果我們照舊式廟子裡的講經方法，這個經的題目，一天講兩個鐘頭，連續講一個月也講不完。事實上，那一種講經的方法非常好，解釋得非常詳盡，由文字教育開始，什麼叫經？這個經字就可以講一個禮拜。什麼叫金剛？又可以講上一個禮拜，因此一個題目講完了，個把月過了，《金剛經》的邊在哪裡啊？那叫作無量無邊。現在我們不採用那個辦法，我個人的個性，也是不大適合那種講法，所以我們採取簡單明瞭的解釋。

鳩摩羅什和武則天

現在說到翻譯的人，姚秦三藏法師鳩摩羅什。他的父親是印度一位宰相，出家當和尚了，他的媽媽是一位公主，逼著這位宰相還俗，跟她結婚，後來生了這個兒子。以後這位公主自己卻要出家，宰相丈夫不答應，我好好的出家當和尚，你逼著我還俗結婚，現在你卻要出家。所以這個故事真可以編寫成一部小說。

鳩摩羅什十一二歲的時候，可以說已經悟道了，三十多歲就到了中國。當時是南北朝時代，為了請這位學者來，消滅了兩個國家，這在古今中外歷史上，都是樁震撼的事件。研究當時的歷史很有意思，鳩摩羅什這樣一位大法師，這麼有學問的一個人，各國都在爭取他，什麼經濟、政治，一概都擺在後頭不管，因為爭請鳩摩羅什，一國消滅了另一國，第三個國家又消滅了第二個國家。這個故事講起來話長，可以講上一兩個禮拜，現在簡單說明，向諸位報告到這裡為止。

《金剛經》前面的發願文等，我們都不加介紹了，由於在座的女性道友很多，特別要向女性道友介紹一下「開經偈」。

無上甚深微妙法　百千萬劫難遭遇
我今見聞得受持　願解如來真實義

這是武則天這位女皇帝所作。武則天自己也是研究《金剛經》的，有人說，「云何梵」偈子也是她作的：

云何得長壽　金剛不壞身
復以何因緣　得大堅固力
云何於此經　究竟到彼岸
願佛開微密　廣為眾生說

關於這個偈子，在佛教文學方面，稱得上是一個大手筆。寫這種大文章不能夠寫得輕佻，也不能夠寫得幽默，要很嚴謹才行。

「云何得長壽，金剛不壞身」，如何可以得到清淨、長壽，永生不死呢？大家都希望活得長，究竟怎麼樣才能真正活得長？長到什麼程度呢？這裡是提問題，換句話說，這個經典本身就是告訴我們，怎麼樣得到生命永恆不滅的那個本來。

「復以何因緣，得大堅固力」，大堅固力也是我們人類所希望得到的，但是我們要用什麼辦法，哪一種因緣，才可以得到堅固的力量？人世間的一切都不牢靠、不堅固，壽命也是不堅固的，頂多活一百年、兩百年就要走了。家庭、父母、子女、夫婦相聚都不堅固，終歸要分散的。佛經上經常有一句話：「積聚皆銷散」，聚攏的因緣完了，統統要分散。發了財，鈔票來了，終歸有不發財的一天，錢也有消散的一天。權力拿到手，總會有失掉的一天。房子建築起來也總會有毀壞的一天。世界上有沒有一個東西是堅固不破的？這個大堅固力，到底有沒有？你們要去找。

「云何於此經，究竟到彼岸」，我們研究《金剛經》以後，如何了解其中的方法，如何能夠脫離三界苦海，而到達常樂我淨的極樂世界。這些等等的問題，希望佛能打開最微妙秘密的法門，統統告訴我們。

現在我們看的《金剛經》，分為三十二章，這本經原始翻譯的時候，根本沒有分章分品，原始的佛經是一篇連下來的文章，沒有段落，分章分段是後世所作。《金剛經》分成三十二章，是梁武帝時代編輯而成的，這個編輯人就是梁武帝的昭明太子。我們研究中國文學，有一部非讀不可的書，就是《昭明文選》，這也是國文系必讀之書，就是梁昭明太子所編輯的各種名文。

《金剛經》三十二品的分法，品目的分類，以及標題，都是昭明太子的傑作。標題的確很好，每一節裡的重點，都用標題說明。譬如第一章法會因由分，就是說為什麼有佛講《金剛經》這件事。譬如今天我們講這本經，也有一個因由，因為蕭先生、崔先生他們這五六位發起的，我是受慫不能不來講了，這也就是我們這一次的法會因由。

《金剛經》的感應力量非常大，我給大家講一個我的秘密，我在讀中學階段，每天早晨四點鐘就起，練拳運動以後，首先唸《金剛經》。為什麼唸呢？我一點都不懂，反正人家告訴我唸《金剛經》很好，我就唸。因為在學校裡，也不敢敲木魚，怕被人家說神經病，偷偷的弄一本《金剛經》，到會客室去唸。前怕狼，後怕虎，一下子就唸完了。有一次我唸到，無我相、無人相、無眾生相、無壽者相，忽然覺得我沒有了，我到哪裡去了？不知道啊！以後我就不唸了，後來才明瞭其中的道理。此經對我的經驗，有這樣奇妙。在歷史記載中，更有非常多的感應。抗戰八年，出門在外，跟家裡父母分離，生死不可知，那時我只有一個願力，每天晚上睡覺以前，一定要給我父母唸《金剛經》《心經》。這是我的秘密，我心中自己的願力，外面不知道。可是我的經驗上知道，感應力非常大，非常大，我只能向諸位報告到這裡。至於說，你們要做科學的研究，感應是個什麼道理，我可以跟你講科學的理由一大堆，但是今天是講佛學的課，不是講科學的課，暫時就不討論了。

第一品 法會因由分

如是我聞。一時佛在舍衛國。祇樹給孤獨園。與大比丘眾。千二百五十人俱。爾時世尊。食時。著衣持鉢。入舍衛大城乞食。於其城中。次第乞已。還至本處。飯食訖。收衣鉢。洗足已。敷座而坐。

照中國人讀書，就是這樣唸，如果照唸經的方法，要敲木魚，嘟嘟嘟……一路唸下去。為什麼敲木魚呢？魚是晝夜瞪著眼睛的，魚睡覺就是停在那裡不動了，休息一下就算睡覺了。所以我們廟裡敲這個木魚，是要我們精進，修道要效法魚的精神，晝夜努力不停。本經第一章，是說明一切各有因緣不同，佛講《楞嚴經》時，開頭另有不同，說佛有一天剛吃飽飯，他的兄弟阿難在城裡頭出事了，佛就馬上顯神通，頭頂放光，那光可大了，化身一出來，傳一個咒子，叫文殊菩薩趕快去把阿難救回來。經典的開始雖都不同，但是只有《金剛經》特別，沒有什麼頭頂放光、眉毛放光、胸口卍字放光等等。《金剛經》只是從吃飯開始，吃飯可不是一件容易的事，在北京白雲觀有副名對，從明朝開始的一副對子：「世間莫若修行好，天下無如吃飯難」。

在我們平常的觀念裡，總認為佛走起路來一定是離地三寸，腳踩蓮花，騰空而去。這本經記載的佛，卻同我們一樣，照樣要吃飯，照樣要化緣，照樣光著腳走路，腳底心照樣踩到泥巴。所以回來還是一樣要洗腳，還是要吃飯，還是要打坐，就是那麼平常。平常就是道，最平凡的時候是最高的，真正的真理是在最平凡之間；真正仙佛的境界，是在最平常的事物上。所以真正的人道完成，也就是出世、聖人之道的完成。希望青年同學千萬記住《金剛經》開頭佛的這個榜樣，這個精神。

佛這樣說

如是我聞。一時佛在舍衛國。祇樹給孤獨園。

每一本佛經開頭都是四個字：「如是我聞」。《涅槃經》上說，佛在涅槃的時候，阿難問他：你要走了，將來我要記錄你的言語，別人怎麼才會相信呢？還以為我是假造的。佛就告訴阿難，在一本經開始時，加上「如是」二字，「我聞」的我，是指阿難自己。「如是我聞」就是我聽到佛這樣說。

阿難的頭腦，像錄音機一樣，佛所講的東西，他一字不漏的都記得。為表示負責，他特別說明是「我聞」，是我當時聽到佛說的。「如是」兩個字是古文，照我們中國文字的寫法，應該是「我聞如是」，佛經翻成中文，產生了另外一種文學，用倒裝的文法。「如是我聞」成為中國佛教文學的一種體裁，優美而有文藝氣息，鳩摩羅什譯經加上「如是我聞」，味道就不同了。

如果照舊式的講經方法，「如是我聞」這四個字，又可以講上兩個月。怎麼樣叫作如？如者，如如不動之如也，然後怎麼樣叫如如不動？如如不動者，佛法之境界也……這麼講起來就沒完沒了，現在我們就不講得離題太遠了。

那個時候

「一時」這兩個字，倒是一個大問題，沒有一本佛經記載時間、年齡；佛經都是「一時」這兩個字。拿白話文來解釋，「一時」就是「那個時候」。那個時候就是那個時候，那個時候也就是這個時候，所以這個「一時」很妙。

我們研究印度的文化及歷史，知道印度人不太注重時間，所以印度人沒有歷史觀念。十七世紀以後，靠著英國以及東西方一批學者的整理，才有了印度史，不像中國的歷史，是從古老開始五千年一直下來的。所以有些人要學梵文來研究佛學，那就是一個非常滑稽的事。尤其是現在的梵文，是十七世紀以後的梵文，唐宋以前的梵文，連一本原經都找不到了。而且唐宋以後的梵文，有南印、北印、東印、西印、中印，五方梵文各自不同。我們當時翻譯過來的梵文也有不同，咒語的發音也有不同，這些舊的梵文，現在影子都找不到了。所以說，一般研究梵文的佛學家，用十七世紀以後，歐洲人整理出來的梵文，追究少數留下來南傳佛教的本子，想探討整個的佛法，拿孟子一句話來說：「緣木而求魚」。

當然，這個事情我也很少提到，嚴格的來說，真正的佛法，全部都在中國《大藏經》裡。這一兩百年來，西方人似乎有意否定東方的佛學，日本人也跟著亂叫。所以說，花很大的精神學梵文，為了研究佛學，真是浪費光陰，誤人子弟。你慢慢三大阿僧祇劫去找吧！當然，梵文也是一種文字語言，可以去學，但是它同真正佛法是毫不相干的。

再說，印度人除了沒有時間觀念而沒有歷史外，數字觀念也非常差，所以佛經上這裡八萬四千，那裡八萬四千，等於杭州人說：「莫老老」，多得不可數的意思。印度人說多得很就是八萬四千。

「一時」意思非常好，真正悟了道，就沒有時間觀念。《金剛經》告訴我們，「過去心不可得，現在心不可得，未來心不可得」。時間是相對的，真正的時間，萬年一念，一念萬年，沒有古今，沒有去來，等於一首古詩：「風月無今古，情懷自淺深」。

月亮、太陽、風、山河，它們永遠如此，古人看到的那個天，那個雲，也就是我們現在看到的這個天和雲，是一樣的世界。未來人看到的也是，風月雖是一樣，但是情懷有淺深。有些人看到風景很高興，痛苦人看到同樣的風景，卻悲哀得想死，都是個人自己唯心所造。

在科學上的了解，時間是相對的，在佛法上時間是唯心的，不是絕對的。痛苦的時候，一分一秒卻有一萬年那麼長；幸福快樂的時候，一萬年一百年，也不過一剎那就過去了。因此佛法點題了，「一時」就是無古今，也無未來。

舍衛國的講堂

「一時佛在舍衛國，祇樹給孤獨園」，佛由三十一歲開始說法，直到八十歲，在四十九年之間，他的教化工作，大部分都在舍衛國。舍衛國在中印度，經濟文化發達，財富很多。舍衛國的國王，就是《楞嚴經》上那位波斯匿王，也是佛的弟子。那裡有位長者，年高有道德，是舍衛國一個大財主，名叫「給孤獨」長者。有一天他到王舍城去給兒子相親，遇到了佛，對佛產生了信仰。他請求佛到舍衛城去說法，而且要給佛蓋一個講堂。佛說：有因緣，你蓋好講堂我就來。他回到舍衛城，找了一個最好的場地，但是卻屬於祇陀太子所有。太子提出來一個條件，如果長者能把黃金打成的葉子，一片片鋪滿了八十頃的地，就把這地賣給他。

給孤獨長者愛布施，孤苦伶仃的人找他，他一概都幫忙，專門做好事，所以叫作「給孤獨」。他真的把金葉子一片片去鋪那八十頃地，鋪了一半的時候，有人報告了太子，太子問他為什麼這樣做？長者說：「那真是佛啊！

是真的聖人。」太子說：「我相信你的話，你不要鋪了，我們兩個人共同建造吧！」所以這個講堂就是祇陀太子、給孤獨長者兩人合力所蓋，稱為「祇樹給孤獨園」。《楞嚴經》也是在這個地方講的，這個園林是佛的大講堂，經常在這裡說法。

千二百五十人

與大比丘眾。千二百五十人俱。

每一本佛經，都提到這兩句話，不論佛在哪裡說法，都是「與大比丘眾，千二百五十人俱」。佛說法的時候，難道都是出家和尚聽嗎？它這裡只講和尚，沒有講居士多少人，男人多少，女人多少。有些佛經記載佛說法的時候，天龍八部億萬，不可知，不可數，不可說，那就很多了，那就是「莫老老」。普通說法都是千二百五十人，這一千二百五十個佛弟子，叫作常隨眾，佛走到哪裡跟到哪裡。拿我們現在的名辭來說，這是基本的學生，基本的隊伍，都是出家人。

為什麼只提千二百五十人？佛出來傳法以後，第一批招收的學生，拿我們現在的話講，最難降伏的學生，就是這一千二百五十人。其中的舍利子，在佛沒有出來說法之前，他已經是大老師了，跟他的有一百個學生。還有三迦葉兄弟（不是拈花微笑那個迦葉），其中兩人各有二百五十個學生，另一位有五百個，合起來一千個學生，他們都是影響當時社會宗教的大學者。另外有神通的目連尊者也在那裡，年齡也比佛大幾歲，也在傳教，他也有一百個基本徒弟。還有耶舍長者子，朋黨五十個，所以這六個人皈依了佛以後，他們帶領出家修道的學生，一起皈依佛，才變成了一千二百五十個常隨眾，就是經常跟著佛的，每次說法，他們都是聽眾。

不過千萬記住啊！其中有些人年齡都比佛大幾十歲，佛是三十一二歲開始說法，舍利子年紀較佛大二三十歲，目連也比佛大。所謂「比丘」是出家人，翻譯成中文的意思就是「乞士」。乞士是一個好聽的名辭，意思是討飯的，討什麼飯呢？不是討一口飯吃的飯，是討一個永遠不生不滅的精神食糧。所以，上乞法於佛，下乞食於一切眾生，稱為學佛比丘。比丘的道理，也含有破除一切煩惱，了一切生死，而能有所成就，能證果的意思。

世間與大千世界

爾時世尊。食時。著衣持鉢。入舍衛大城乞食。

「爾時」，這個時候。「世尊」，是佛的另外一個代號，佛經裡所稱世尊，是指世界上最值得尊敬的人。不過我們要注意，所謂這個世界，不是只講這個人世間；佛學裡所謂世間，有三世間與四世間兩種概念。所謂三世間是：器世間、國土世間、有情世間。

器世間：就是國土世界，用現在的觀念，就是物質世界，是這個地球上，有人類、生物存在的世界。

國土世間：就是地球上各個分別的國土，中國、美國、歐洲等，是這個世間觀念裡的一個範圍。

有情世間：有情就是一切眾生，有生命有靈知性的存在，這是一個世間的觀念，等於我們現在講社會、人類等觀念差不多。

所謂四世間，是除了前三種之外，另有第四種，就是聖賢世間，是得道的聖賢所成就的另外一個範圍。阿彌陀佛西方極樂世界，就是有道之士所居住的聖賢世界。其它宗教所講的天堂，是另外一種聖賢、善人所居住的世間。

佛學裡有淨土、有穢土，我們這個娑婆世界算穢土，阿彌陀佛西方極樂世界是淨土。所謂土，有兩種觀念，一種是常寂光土，這個土已經不是土地，不是物質，而是說，在那個境界裡，永遠都是快樂的、清淨的、寂滅的。另外一種觀念是指我們這個世間，是凡聖同居土，聖人與凡夫共同居住的地方。這個世界也可以說同時包括了四世間，與各個國土的觀念。所以說佛經裡所稱的世界，是包括我們這個世界，以及超過這個地球範圍所有世間的世界。

另外一個觀念是說，釋迦牟尼佛是我們這個三千大千世界的佛，為了我們初學同學們的研究，我們再說明一下三千大千世界在佛學上的概念。

在我小的時候，有一位老前輩就問我，你曉不曉得世界上有一個吹大牛講大話的人是誰？我說不知道。他說：是釋迦牟尼佛！他所說三千大千世界這個數字，無量無邊，誰能夠把它破得了？那真是摸不到邊，大極了。當時年輕，聽了也是笑笑而已；但是時代到了現在，更加證明佛的說法真實，他的神通智慧，更是了不起。他對於世界的看法，認為一個太陽系統是一個世界，這個是普通觀念的世界。一個太陽，一個月亮，帶領了九大行星，中間有一個地球，就是一個太陽系。

過去物理學、天文學稱太陽為恆星，現在有人反對，不一定叫它恆星，這個是科學上沒有定論的。在這一個太陽系中，地球是很小的，與其它行星的壽命來比較，也是很短的。可是在我們看來已經是不得了啦！這算是一個世界。

佛說，這個地球上的人，以六十歲或者以一百歲為一壽命。這個世界上的人，認為一晝夜很了不起，而在月球上是半個月白天，半個月黑夜。現在人到了太空，發現果然與佛兩千多年前說的一樣。佛告訴弟子們說，這個虛空中，像這樣的太陽系統，帶領很多星球構成的世界，是無量數、不可知，如恆河沙一樣多；也像中國的大黃河裡頭的沙子一樣的多，數不清的。

一千個太陽系統這樣的世界，叫作一個小千世界，一千個小千世界，叫作一個中千世界，再把一千個中千世界加起來，叫作一個大千世界。他說這個虛空中，有三千個大千世界，實際上不止三千大千世界，而是不可知、不可數、不可量那樣多。這個說法以前是沒有人相信的。

吃飯穿衣

佛的戒律，規定弟子們喝一杯水，必須先用一塊布濾了以後，才可以喝。為什麼呢？「佛觀一鉢水，八萬四千蟲」。佛的眼睛，看這一碗水，有八萬四千個生命。幾千年前他這樣說，也沒有人相信，覺得他很瑣碎，現在科學進步了，都相信了。還有佛的戒律，規定弟子們每餐飯後都要刷牙，沒有牙刷，用楊柳枝。所以觀世音菩薩淨瓶裡泡的有楊柳枝，大概一方面灑水用，一方面刷牙用。把楊柳枝剪下，放在水裡泡，然後拿石頭把根根這一節一敲就散開了，用來刷牙齒。這些生活的規律，都屬於佛戒律的範圍，禮儀都是非常嚴格的。拿現在的觀念來講，各種的衛生常識，他早就有了。佛經上所說一個成佛、得大成就的人，在一個佛國裡教化眾生，是師道的第一位，所以稱為世尊。

「爾時世尊食時」，吃飯時候到了，這個吃飯的事我們需要說明一下。佛的戒律是日中一食，每天中午吃一餐。佛學把我們人類吃飯，叫作段食，分段的在吃飯，一天吃三餐，叫作段食，也叫作摶食。印度人吃飯用手抓，中國人用筷子，外國人用叉子，反正都是用手，所以叫作摶食。早晨是天人吃飯的時間，中午人道吃飯，晚上鬼道吃飯。佛採用的制度，以人道為中心，日中一食；後世弟子們，過了中午一點鐘就不吃飯了，這個是佛的制度。

關於這個吃飯的問題，世界上各個地區不同，習慣不同。有的民族注重早餐，有些注重午餐或注重晚餐，每個人不同，叫作段食。除了吃飯外，還有思食，是指精神食糧。當一個人苦悶到極點，灰心到極點時，如沒有精神食糧也會死掉。另外還有觸食，觸食就是感受，譬如我們在房間裡，衣服穿得不對，悶得非常難過；或者被埋在土裡，感覺氣不通了，就是感覺沒有氣可吃了。更有識食，屬於阿賴耶識的功能，支持生命的存在。所以段食、觸食、思食、識食，也可說都是人的食糧。

現在本經所講吃飯的時候，是佛自己所規定的日中一餐。佛雖然是太子出家，但他以身作則，吃飯時間到了，「著衣」，穿好他的法衣，就是那件袈裟。其實佛的衣服就是那一件袈裟，我們現在出家人所穿的這個衣服，是明朝老百姓的便服，所不同的是出家人的顏色樸素而已。分別身分就在頭髮，出家人是光頭，在家人有頭髮，衣服都是一樣的。佛的衣服是一件袈裟，又稱福田衣，袈裟的橫條、直條，依照受戒的情形都有規定。條紋像一塊田一樣，是為眾生培福的標記，所以叫作福田衣。

由本文可以看到，平常佛也穿便衣，印度人在天熱的時候，膀子統統露出來。我們讀《禮記》也可以看到：「仲尼閒居」這一句，仲尼就是孔子，這是對孔子平常不講學，閒居情形的描述。我們現在看到釋迦牟尼佛的閒居，是比較自由一點，可是到了吃飯的時候，「著衣」，仍要穿好他的袈裟，「持鉢」，拿著飯碗。這個鉢傳到中國來有瓦鉢，也有銅鉢，反正是一個吃飯用的器具，不過是湯啊、飯啊，放在一起的一個鉢。現在看來兩千多年前，佛已經發明了自助餐的方式，每人端著自己的鉢吃自助餐。

衣服穿好了，端了吃飯的鉢，「入舍衛大城」，到這個首都，「乞食」，討飯，土話叫作化緣。佛的戒律規定，佛弟子們不但不做飯，連種田也是犯戒的，一鋤頭下去，泥土裡不曉得死多少生命，所以不准種田。夏天則結夏，弟子們集中在一起修行、打坐，不准出來。因為印度是熱帶，夏天蟲蟻特別多，隨便走路踩死了很多生命，故不准出去。在夏天以前先把糧食集中好應用，到秋涼以後才開始化緣。這是當時的制度，時代不同，慢慢也就有所改變了。

乞士生活威儀

化緣的時候，規定弟子們不要起分別心，窮人富人一樣，挨次去化，不可以專向窮人化緣，或專向富人化。譬如迦葉尊者，是印度的首富出身，但是他特別同情下層的貧苦社會，所以他都到貧民區去化緣，同時收些弟子也都是窮苦的人。另外一個弟子須菩提尊者則相反，喜歡到富貴人家乞食化緣。佛曾把他們兩人叫來說：你們這個心不平，不管有錢沒錢，有地位沒地位，化緣的時候，平等而去，此心無分別，而且人家給你多少就是多少，這一家不夠，再走一家。我們現在看到出家人站在門口拿個引磬叮叮，那就是釋迦牟尼佛留下來的風範。

說到乞食的制度，泰國還保存著。泰國信佛教的家庭，中午飯做好了，出家人沒有來化緣以前，鍋蓋也不敢開；出家人來了，鍋蓋趕快打開，用勺子在飯鍋中心挖起裝上一碗，再把很好的菜給他裝滿。化緣的走了，自己才吃飯，這是佛教所遺留的制度。

於其城中。次第乞已。還至本處。飯食訖。收衣鉢。洗足已。敷座而坐。

這一段是講化緣吃午飯的事。我們研究佛經，會發現所謂夜裡到白天，晝夜二六時中，佛都在禪定中，在如來大定中；只有中午吃了飯，才打坐休息一下。大概從下午一兩點到五六點鐘說法，等到天快要黑了，大家閉起眼睛又入定去了。

在舍衛國首都的大城，他挨門挨戶的化緣。化好了以後，「還至本處」，沒有說在路上就吃起來了，不像我們買一根香蕉，一邊走就咬了一口，很沒有威儀的。佛把飯碗端回自己的講堂，「還至本處」，在規定的地方吃飯，「飯食訖」，飯吃完了，「收衣鉢」，再把衣服及碗都收起來。然後有一個動作，「洗足已」，還打水洗腳。

所以我說這一本經是最平實的經典，佛像普通印度人一樣，光腳走路，踩了泥巴還要洗腳，非常平凡，也非常平淡，老老實實的就是一個人。

「敷座而坐」，洗完了腳把自己打坐的位置鋪一鋪，抖一抖，弄得整整齊齊，也沒有叫學生服侍他，更沒有叫個傭人來打掃打掃，都是自己做。生活是那麼嚴謹，那麼平淡，而且那麼有次序。由這一段看來，《金剛經》會使人覺得學佛要設法做到佛的樣子才好，不像其它經典那樣，把佛塑造得高不可攀，只能想像、膜拜。

看了《金剛經》，佛原來同我們一樣的平常，雖是太子出家，但是他過的生活同平民一樣。當時印度的階級森嚴，他卻指定一個出身最低的貧民的弟子優波離尊者，執法管紀律，任何人犯了法都一樣處理。所以在現實的生活裡，在最平凡中，建立了一個非凡的，神聖的境界，也就是佛的境界。

第二品　善現啟請分

時長老須菩提。在大眾中。即從座起。偏袒右肩。右膝著地。合掌恭敬。而白佛言。希有世尊。如來善護念諸菩薩。善付囑諸菩薩。世尊。善男子。善女人。發阿耨多羅三藐三菩提心。云何應住。云何降伏其心。佛言。善哉善哉。須菩提。如汝所說。如來善護念諸菩薩。善付囑諸菩薩。汝今諦聽。當為汝說。善男子。善女人。發阿耨多羅三藐三菩提心。應如是住。如是降伏其心。唯然。世尊。願樂欲聞。

善現須菩提

善現就是「須菩提」，是中文的意譯，意思是他的人生境界，是道德的至善，表現出來的是長壽。另有舍利子這些人，也比佛的年齡大，所以，有些經典把「須菩提」翻譯為「具壽」，就是長壽的意思。等於我們中國人所稱鶴髮童顏，南極仙翁，老壽星。不過須菩提不僅是老壽星，他的道德修持，他的智慧，以及他生活的威儀，都足以領導當時佛的弟子們。他年高德劭，威儀氣度在佛的十大弟子之中，是非常有名的。

一般都知道，須菩提談空第一，這一本經就是空和有的研究。後世佛教，稱須菩提為尊者，連中國民間對他也非常熟悉。怎麼熟悉呢？大家都看過《西遊記》，孫悟空大鬧天宮及七十二變的本事，都是從須菩提那裡學的，這是小說上寫的。孫悟空找到尊者，小說上把六祖見五祖那個故事，影射孫悟空訪道訪到了須菩提。《西遊記》中這一段，描寫得非常有趣，因此，須菩提尊者的名字，就在中國的民間流傳開了。

時長老須菩提。在大眾中。即從座起。偏袒右肩。右膝著地。合掌恭敬。而白佛言。希有世尊。如來善護念諸菩薩。善付囑諸菩薩。

這一段文字，好像給我們寫了一段劇本，描寫當時的現場。「時」就是當時，就是佛把飯也吃好了，腳洗好了，打坐位置也鋪好了，兩腿也盤好了，準備休息。可是我們這一位須菩提老學長，不放過他，意思是你老人家慢一點休息吧！我還有問題，代表大家提出來問。「時長老須菩提」，所謂長老，照佛學解釋「長老」的內涵，還有許多意思。總而言之，就是中文的年高德劭。前面我們提到過二百六十個字的《心經》，在《心經》裡，向佛提問題的主角是舍利子，也是佛的十大弟子之一。《金剛經》的主角則是須菩提，另如《楞嚴經》的主角是阿難，每人的問題不同，所以佛的答覆方式也不同。本經是從須菩提問問題開始的，因為他談空第一，在大眾中，在所有同學裡，他要起立發言。我們現在發言要舉個手，佛時代的規矩，是從座位上站起來。當時，大家都在坐著，須菩提站起來，「偏袒右肩」，這也是印度規矩，披著袈裟，一邊膀子露出來。

關於「偏袒右肩」，有很多說法，一種說法是右手空著好做事，在跟佛走路時，可以用這個手膀，把年紀大的扶持過去。另有說法，認為右手是吉祥的手，左手不是吉祥的手，所以用袈裟蓋著。還有一種說法，認為殺人等壞事，都是這右手去做，所以，在佛前上香時，要左手去插，不許右手近佛。但是也有一說，插香要用右手，因為右手是吉祥之手，總之，這些都是後人的解釋。上古的許多禮節，有時代及地區的意義，後世把那些習慣又加上各種解釋，有花招之嫌，我們姑且不管。

現在，須菩提「偏袒右肩」，披好袈裟，「右膝著地」，就跪下了。單跪右腿，「合掌恭敬」，合掌是印度當時的禮貌，中國也有合掌，也有作揖。印度是伸開十指合掌，有空心的合法，有實心的合法。順便給青年同學們也講一聲，許多人寫信給我，有的稱我「南法師」，我不是法師啊！我沒有出家。許多人寫信用佛家的規矩「合十」，合十就是兩個手合攏來，合十問訊，也是一種禮貌。還有些同學來信問「和南」是什麼意思？和南是譯音，意思就是跪拜頂禮，五體投地跪拜，叫作和南。結果有一位同學就對我說：老師也姓南，南無阿彌陀佛也姓南，拜拜也和南，好像你投胎的時候，是選一個南字來的。我說那我不知道，我當時也許選錯了呢！這是與年輕同學們的趣味對話，由合掌順便提到。

現在須菩提合掌，就是向老師先行個禮，「而白佛言」。白就是說話，古文叫道白，是南北朝時候的說法，後來唱戲的也有道白，唱的時候是唱，不唱的時候說幾句話，就是道白。「希有世尊」，佛經上記載印度的禮貌，向長輩請示以前，要先來一套讚歎之辭。等於我們中國人看到老前輩就說：「唉呀，你老人家真好啊，上一次蒙你老人家照顧，你老人家給我啟發太多了！」我也經常碰到年輕人對我這樣說。《金剛經》已經把讚歎的話濃縮成四個字了，其它的經典中，弟子們起來問佛，都是先說一大堆恭維話。佛是很有定力的，等你恭維完了，然後才張開眼睛說：你說吧！這裡的濃縮就是鳩摩羅什翻譯的手筆，只用四字：「希有世尊」，世間少有，少見不可得的世尊。前面提到玄奘法師也翻譯過《金剛經》，還有其他人的翻譯，我個人的觀點和研究，鳩摩羅什翻譯的這一本，扼要簡單，妙不可言。

古代翻譯的規定是信、達、雅，我們看到很多佛經的翻譯，信則有之，很忠實原典；達，表達清楚的也有，但文字卻不大雅。像鳩摩羅什的翻譯，信、達、雅，皆兼而有之，非常難得。所以，我個人是非常喜歡這個譯本。

須菩提接著說：「如來善護念諸菩薩，善付囑諸菩薩」，現在我們先來解釋兩個佛學名辭，一個是如來，一個是菩薩。

如來　菩薩

我們曉得「如來」也是「佛」的代號，實際上佛有十種不同名稱，如來是一種，佛是一種，世尊也是一種。不過，中國人搞慣了，經常聽到如來佛的稱法，把它連起來也蠻好。現在我們先說「如來」，這是對成道成佛者的通稱。釋迦牟尼就稱作釋迦如來，或者稱釋迦如來佛，阿彌陀佛又稱阿彌陀如來。

阿彌陀、釋迦牟尼，那是個人的名字，就是特稱。如來及佛是通稱，等於我們中國稱聖人，孔子也是聖人，周公也是聖人，文王、堯、舜都是聖人。聖人就是通稱，而孔子、周公就是特稱。「如來」二字翻譯得很高明，所以，我經常對其他宗教的朋友說：你們想個辦法把經典再翻一翻好不好？你們要弘揚一個宗教文化，那是離不開文學的啊！文學的境界不好是吃不開的。

佛經翻譯的文學境界太高明了，它贏得了一切。譬如「如來」這個翻法，真是非常高明。我們注意啊！來的相對就是去，他沒有翻「如去」，如果翻成如去，人家也不想學了，一學就跑掉了。翻譯成「如來」，永遠是來的；來，終歸是好的。佛已成了道，所以就叫如來。《金剛經》上有句話，是佛自己下的註解：「無所從來，亦無所去，故名如來。」無來也無去，換句話說，不生也不滅，不動也不靜，當然無喜亦無憂，不高也不矮，都是平等，永遠存在，這個道理就是如來。用現在的觀念來說，他永遠在你這裡，永遠就在你的面前，只要有人一念虔信，佛就在這裡。所以後世我們中國有一首詩，描寫得非常好：

佛在心中莫浪求　靈山只在汝心頭
人人有個靈山塔　只向靈山塔下修

浪字是古文的說法，就是亂，浪求就是亂求。不必到靈鷲山求佛，不要跑那麼遠了，因為靈山只在你的心頭。每一個人自己的本身，就有一個靈山塔，只向靈山塔下修就行了。也有人另外一種說法：「不向靈山塔下求」。總之，這只是說明佛、道都在每人自己的心中，個個心中有佛，照後世禪宗所講：心即是佛，佛即是心，不是心外求法。以佛法來講，心外求法都屬於外道。

另外一個佛學的名辭是「菩薩」，這也是梵文的翻譯，它的全稱是菩提薩埵。菩提的意思就是覺悟，薩埵是有情。如果當時翻譯成覺悟有情，那就一點味道都沒有了。採用梵文的音，簡譯成菩薩，現在我們都知道菩薩啦！如果當時翻譯成覺悟有情，年輕人會以為是戀愛經典了，那不是佛法，所以不能照意思翻譯。

所謂的覺悟，覺悟什麼呢？就是佛的境界，也就是所謂自利利他，自覺覺他的這個覺悟。借用孟子的話：「使先知覺後知」，就是先知先覺的人，教導後知後覺的人。一個人如果覺悟了，悟道了，對一切功名富貴看不上，而萬事不管，腳底下抹油溜了，這種人叫作羅漢。但是菩薩境界則不然，覺悟了，解脫了世間一切的痛苦，自己昇華了，但是，看到世上林林總總的眾生，還在苦難中，就要再回到世間，廣度一切眾生。這種犧牲自我，利益一切眾生的行為，就是所謂有情，是大乘菩薩道。

有情的另外一個意義是說，一切眾生，本身是有靈知，有情感的生命，所以叫作有情。古人有兩句名言：「不俗即仙骨，多情乃佛心」。

一個人不俗氣很難，能夠脫離了俗氣，就是不俗，不俗就是神仙。菩薩則犧牲自我，利益一切眾生，所以說，世界上最多情的人是佛、是菩薩，也就是覺悟有情。「菩薩」是佛弟子中，走大乘路線的一個總稱。

佛的出家弟子們，離開人世間妻兒、父母、家庭，這種出家眾叫作大比丘眾。在佛教經典中的出家眾，歸類到小乘的範圍，他們離開人世間的一切，專心於自己的修行，也就是放棄一切而成就自己的道，叫作小乘羅漢的境界。這在中文叫作自了漢，只管自己了了，其他一切不管。禪宗則稱之謂擔板漢，挑一個板子走路，只看到這一面，看不見另一面。也就是說，把空的一面，清淨的一面，抓得牢牢的，至於煩惱痛苦的一面，他拿塊板子把它隔著，反正他不看。

佛教裡表現實相叫示現，為表達那個形相，大菩薩們的示現都是在家的裝扮。譬如大慈大悲觀世音、大智文殊菩薩、大行普賢菩薩，以及其他的菩薩等，都是在家人的裝束示現，除了大願地藏王菩薩。出家人是絕對不准穿華麗衣服的，絕對不准化妝的，可是你看菩薩們，個個都是化妝的啊！又戴耳環，又掛項鍊，又戴戒指，叮叮噹噹，一身都掛滿了，又擦口紅，又抹粉的，這是菩薩的塑像。這個道理是什麼呢？就是說他是入世的，外形雖是入世的，心卻是出世的，所以菩薩境界謂之大乘。羅漢境界住空，不敢入世，一切不敢碰，眼不見心不煩，只管自己。

但是菩薩道是非常難的，一般說來約有幾個路線，《楞嚴經》上說：「自未得度，先度人者，菩薩發心。自覺已圓，能覺他者，如來應世。」

前兩句說，有些人自己並沒有成道，但是有宗教熱忱，願意先來救別人，幫助別人，教化別人做善事。任何的宗教都有這樣的人，自己雖沒有得度，沒有悟道，卻先去救助別人，這是菩薩心腸，也就是菩薩發心。所謂「自覺已圓」，自己的覺悟，修行已經完全圓滿了。「能覺他者」，再來教化人，「如來應世」，這是現在的佛，現生的佛。

菩薩是如來的前因，成了佛如來是菩薩的果位，成就的果位。現在我們把如來及菩薩，大概簡單的解釋了，我們再回轉來看本經的原文。我們不要忘記啊，現在須菩提還跪在那裡，替我們來提問題，我們多講了一下，他就又多跪一下了（眾笑）。

六祖和《金剛經》

須菩提當時跪在那裡，替我們大家跪著，替當時的大眾同學們跪著，尤其為大乘入世的菩薩們，包括那些出家但發心入世的出家菩薩們跪著。

說到這裡，我們知道，在家有菩薩，出家一樣有菩薩，雖然形相是出家，但是他的發心、願行、心性及所做的事，都是菩薩道，這就叫作出家菩薩。

現在，須菩提替大家請求：佛啊！你老人家慢一點閉眼睛，慢一點打坐，你看，那麼多跟你學的大乘菩薩們，你應該好好的照應他們，指點他們怎麼用功啊！怎麼修行啊！

實際上，後來禪宗五祖就曾說過，要成佛悟道，專心唸《金剛經》就可以了。甚至不識字，不會唸的，只要唸一句摩訶般若波羅蜜多就行了，這是經題的要點，是大智慧成就到彼岸的意思。結果，六祖就是因《金剛經》而悟的，所以後世的中國禪宗，也叫作般若宗。外國也有稱作達摩宗的，這都是因為五祖、六祖由《金剛經》直接傳承，鼓勵大家唸《金剛經》這件事而來的。

「善護念」這三個字，鳩摩羅什不曉得用了多少智慧翻譯的。後來禪宗興盛以後，有一位在家居士，學問很好，要註解《思益經》，去見南陽忠國師。南陽忠國師說：好呀！你學問好，可以註經啊！說著就叫徒弟端碗清水，放七顆米在裡頭，再放一雙筷子在碗上，然後問：「你曉得我現在要幹什麼嗎？」居士說：「師父，我不懂。」南陽忠國師說：「好了，我的意思你都不懂，佛的意思你懂嗎？你隨便去翻譯，隨便去註解嗎？」

很多人以為自己佛學搞好了，就開始寫作了，可是研究鳩摩羅什的傳記，就知道他是一個悟道、成道的大菩薩境界的人，他當時翻譯的「善護念」這三個字，真了不起。

善護念

不管儒家、佛家、道家，以及其他一切的宗教，人類一切的修養方法，都是這三個字——「善護念」。好好照應你的心念，在起心動念時，要好好注意自己的思想。如果你的心念壞了，只想修成功有了神通，手一伸，銀行支票就來了，或是有些年輕人，想得神通，就看見佛菩薩了，將來到月球不要訂位子，因為一跳就上去了。用這種功利主義的觀念來學佛打坐是錯誤的。你看佛！多麼平淡，穿衣、洗腳、打坐，很平常，決不是幻想，決不亂來，也不帶一點宗教的氣息，然後教我們修養的重點就是「善護念」。

善，好好的照顧自己的思想、心念、意念。譬如現在我們學佛的人，有唸佛的，能唸南無阿彌陀佛到達一心不亂，也不過是善護念的一個法門。我們打坐，照顧自己不要胡思亂想，也是善護念。一切宗教的修養方法，都是這三個字，《金剛經》重點在哪裡？就是善護念。大家要特別注意！

因講到善護念，我們曉得佛經、佛學裡三十七道品菩提道次第，修大澈大悟的方法中，有個四念處，就是念身、念受、念心、念法。念心是四念處裡非常重要的，隨時念這個心，知道了這個念頭，就是善護念。我們的這個身心很重要，念身，此身無常。念心，我們思想是生滅的，靠不住的，一個念頭起來也立刻就過去了，去追這個念頭，當它是實在的心是錯誤的，因為這個思想每一秒鐘都在變去。

什麼叫念？一呼一吸之間叫作一念。照佛學的解釋，人的一念就有八萬四千煩惱。煩惱不一定是痛苦，但是心裡很煩。譬如，有人坐在這裡，儘管《金剛經》拿在手上，也在護念，他護一個什麼念呢？一個煩惱之念，不高興。自己也講不出來為什麼不高興，連自己都不知道，醫生也看不出來，這就是人生的境界，經常都在煩惱之中。

尋愁覓恨

煩惱些什麼呢？就是「無故尋愁覓恨」，這是《紅樓夢》中的詞，描寫一個人的心情。其實每個人都是如此啊！「無故」，沒有原因的，「尋愁覓恨」，心裡講不出來，煩得很。「有時似傻如狂」，這本來是描寫賈寶玉的昏頭昏腦境界，飯吃飽了，看看花，郊遊一番，坐在那裡，沒有事啊！煩。為什麼煩呢？「無故」，沒有理由的，又傻里瓜嘰的……這就是描寫人生，描寫得非常恰當。所以它的文學價值被推崇得那麼高，是很有道理的。

《西廂記》也有對人心理情緒描寫的詞句：「花落水流紅，閒愁萬種，無語怨東風」。沒得可怨的了，把東風都要怨一下。噯！東風很討厭，把花都吹下來了，你這風太可恨了。然後寫一篇文章罵風，自己不曉得自己在發瘋。這就是人的境界，花落水流紅，閒愁萬種是什麼愁呢？閒來無事在愁。

閒愁究竟有多少？有一萬種，講不出來的閒愁有萬種。結果呢，一天到晚怨天尤人，沒得可怨的時候，無語怨東風，連東風都要怨，人情世故的描寫，真妙到了極點。

這是我們講到人的心念，一念之間，包含了八萬四千的煩惱，這也就是我們的人生。解脫了這樣的煩惱，空掉一念就成佛了，就是那麼簡單。但是在行為上要護念，要隨時照顧這個念頭。我們研究完了《金剛經》，看到佛說法高明，須菩提問話高明，不像我們有些同學：老師，我打擾你兩分鐘。我說：一定要好幾分鐘，你何必客氣呢？多幾分鐘就多幾分鐘嘛！不老實，說要問問題就好了嘛！然後，他講了老半天，他講的話，我都聽了，主題在哪裡，我不知道，不曉得問什麼，結果弄得我無語怨東風。

金剛眼和發心

在須菩提問問題時，事實上答案就出來了，這是本經的精神不同於其他經典的地方。佛抓到這個主題，答案的兩句話也是畫龍點睛。所以禪宗祖師，特別推崇這一本經，因為這一本經的經文精神特別。諸位要成佛，這兩句話已經講完了，問題與答案都在這兩句話中了。「善護念」和「善付囑」，這兩句話等於許多同學問：老師啊，怎麼做工夫呀？我現在還在練氣功啊，聽呼吸，念佛，你好好教我啊！還有許多人去求法，花了很多時間和金錢求個法來，法可以求來嗎？有法可求嗎？這是個妄想！就是煩惱。法在哪裡？法在你心中，就是「善護念」三個字。「善護念」是一切修行的起步，也是一切佛的成功和圓滿。這個主要的問題，就是《金剛經》的一隻金剛眼，也就是《金剛經》的正眼，正法眼藏。

世尊。善男子。善女人。發阿耨多羅三藐三菩提心。云何應住。云何降伏其心。

這本經的翻譯很不同，來個「善男子、善女人」，分開得清清楚楚。

我們年輕的時候很調皮，一邊唸一邊看看自己，把「善男子」改成「散男子」，就是一邊學佛，又到處玩耍的人，所以我們自稱「散男子」，是心在散亂中的天下散人。

這裡講「發心」，發就是動機，發什麼心？發「阿耨多羅三藐三菩提心」。「阿耨多羅」這四個字是梵文，中文勉強譯為「無上」，至高無上。「三」這個音就是正，「藐」是等，平等。菩提是覺悟，連起來就是說要發：「無上正等正覺」的心。

但是文中的「無上正等正覺之心」，不能包含全部的意義；如果就其意義翻譯成禪宗的大徹大悟，還是不能包括完全。「阿耨多羅三藐三菩提心」，包括心地法門，明心見性，由世俗超越而達到成佛的境界；在行為上是大慈大悲菩薩心，是菩提心，入世救一切眾生；在理上是大徹大悟，超越形而上的本性之心。所以「三藐三菩提心」意義很多，只能保持這個原文的音，讓後世人自己去解釋了。

換句話說，「發阿耨多羅三藐三菩提心」，就是一個普通人發心學佛。佛法與其他的宗教不同，認為一切眾生都可以成佛，不像其他宗教，認為有第一因。其他宗教認為，只有「他」可以，我們只有等到「他」來幫忙，然後還都是聽「他」的，除「他」之外，都是不對的。

佛法既認為一切眾生個個是佛，平等平等，但是，為什麼這一切眾生不能成佛呢？因為找不到自心，迷失了。如果自己覺悟了，不再迷失，個個自性成佛。

無權威　無主宰

佛並不是權威性，也不是主宰性。佛這個主宰和權威，都是在人人自我心中。所以說一個人學佛不是迷信，而是正信。正信是要自發自醒，自己覺悟，自己成佛，這才是學佛的真精神。如果說去拜拜祈禱一下，那是迷信的作法。想靠佛菩薩保佑自己，老實說，佛不大管你這個閒事，佛會告訴你保護自己的方法。這一點與中國文化的精神是一樣的，自求多福，自助而後天助，自助而後人助。換句話說，你自助而後佛助，如果今天做了壞事，趕快到佛菩薩前面禱告，說聲對不起，佛就赦免了你，那是不可能的。

我們在西藏的時候，雖然是佛國，也有作土匪的，搶了人以後，趕快到菩薩前跪下懺悔，下次再也不敢了。下次錢用完又去搶了，搶完又來懺悔，反覆來去，自心不能淨，佛也不會感應的。所以一切要自求多福，佛法就是這個道理。

因此，要成佛，要找出自己心中的自性之佛，這才叫「發阿耨多羅三藐三菩提心」。我經常告誡年輕同學們：你們以為兩腿一盤就叫學佛，不盤就不是學佛，那叫作修腿，不是學佛。打坐不過是修定，是練習身心向學佛路上的準備工作而已，這個觀念一定要搞清楚。

那麼，真正的學佛困難在什麼地方呢？就是「善護念」。這三個字也就是金剛眼。須菩提說：佛啊，善男子，善女人（不是指壞蛋們，因為壞蛋們不學佛！）這一切好人們，要想明心見性，認識自己生命的本來，求無上大道發的這個心，有個大困難，就是思想停不了，打起坐來妄想不止。有人打起坐來，不是想到丈夫，就是太太、情人、爸爸、媽媽、兒女、鈔票……不打坐還好，一坐下來，眼睛一閉，萬念齊飛。這就是此心煩惱不能斷，也是修行第一步碰到的問題。

此心如何住

須菩提講得很坦然，替大家發問，「云何應住」，這個心念應該如何停住在清淨、至善那個境界上？「云何降伏其心」，心裡亂七八糟，煩惱妄想怎麼能降伏下去？古今中外，凡是講修養、學聖人、學佛，碰到的都是這個問題。「云何應住」，這個心住不下去。如果唸佛嘛！永遠唸阿彌陀佛做不到，不能住在這個念上，一邊唸阿彌陀佛，一邊心裡想明天要做什麼，哎呀，阿彌陀佛，老王還欠我十塊錢沒有收回來，阿彌陀佛，阿彌陀佛，這怎麼辦……心住不下去！你禱告上帝，上帝也不理你啊，你還是一樣的，壞念頭還是起啊！菩薩也幫不了忙。此心如何住，如何降伏其心，這許多的煩惱妄想，如何降伏下去？這是個大問題。

《金剛經》一開頭，像我們這個照相機一樣，什麼灰塵都照出來，乾脆俐落，一點都不神秘。不管學哪一宗哪一派，第一個碰到的就是這個「云何應住」的問題，就是用什麼辦法使此心能夠住下來。「云何降伏其心」，有什麼辦法，使這個心的煩惱妄想降伏得下去！這問題問得很嚴重。

我們年輕的時候，經常有個感慨，讀《金剛經》，讀到這兩句，千古高人，同聲一嘆，這個問題太難了。一個英雄可以征服天下，沒有辦法征服自己這個心念；一個英雄可以統治全世界，沒有辦法「降伏其心」。自己心念降伏不了，此乃聖人之難成，道之難得也！你說學法，學各種法，天法學來都沒有用！法歸法，煩惱歸煩惱。唸咒子嗎？煩惱比你咒子還厲害，你咒它，它咒你，這個煩惱真是不可收拾，就有那麼厲害。所以「云何應住，云何降伏其心」，這個問題問得非常之好。

佛言。善哉善哉。須菩提。如汝所說。如來善護念諸菩薩。善付囑諸菩薩。汝今諦聽。當為汝說。

佛聽了須菩提的問題，他眼睛又張開了，這個問題問得好，一拳就打到中心來了。善哉！善哉！就是問得好極了。佛說：「須菩提，如汝所說，如來善護念諸菩薩，善付囑諸菩薩，汝今諦聽，當為汝說」，看佛經應該像看劇本一樣的看，才能進入經典的實況，才會有心得。我說把佛經當劇本看，不是不恭敬，你不進入這個情況，經典是經典，你是你，沒有用。

現在，假設我們當時跟須菩提跪在一起，佛說：好，好，須菩提，照你剛才問的問題，如來善護念諸菩薩，善付囑諸菩薩，是不是？須菩提說：是。釋迦牟尼佛說：「汝今諦聽」，你現在注意啊！好好聽。「諦」是仔細、小心，也有一點意思是你要小心注意，我要答覆你了。「當為汝說」，你問的問題太好了，我應當給你講。這時須菩提還跪在那裡。

善男子。善女人。發阿耨多羅三藐三菩提心。應如是住。如是降伏其心。唯然。世尊。願樂欲聞。

佛說：善男子，善女人，如果有一個人，發求無上大道的心，應該這樣把心住下來，應該這樣把心降伏下去。

說完這一句話，他老人家又閉起眼睛來了。須菩提大概等了半天，抬頭一看，「唯然。世尊」，經文中說「唯」就是答應，「然」就是好。我準備好好的聽，世尊啊，「願樂欲聞」，我高興極了，正等著聽呢！他跪在那裡瞎等，佛卻沒有說下文了。大家看這個劇本寫得好不好？經典是好劇本，我們在座也有寫劇本的高手，而寫這個劇本的才是真高手呢！文字都很明白，是不是這樣講？沒有錯吧？

現在我們再回過來看佛說的這句話，善哉！善哉！你問得好啊，須菩提，照你剛才說的，佛要善護念諸菩薩，善付囑諸菩薩，是不是？須菩提說：是啊！我是問的這個。他說你仔細聽著，我講給你聽，當你有求道的心，一念在求道的時候，就是這樣住了，就是這樣，這個妄念已經下去了，就好了，就是這樣嘛！

假設我來講的話，我當然不是佛啦！不過我來講的話，不是那麼講。如果我當演員，演這個釋迦牟尼佛，這個時候不是慈悲的，不是眼睛閉下來，眉毛掛下來，慢慢說：「善哉！善哉！阿彌陀佛」，不是這樣。我會說：「你聽著啊！你注意，你問的這個問題，當你要求道的這一念發起來的時候」，說時一邊就瞪住他。

半天，須菩提也不懂，傻里瓜嘰的：佛啊！我在這裡聽啊！換句話說，你沒有答覆我呀！

實際上，這個時候，心就是住了，就降伏了。

止住的持名唸佛

「住」就是住在這裡，等於住在房子裡，停在那裡。但是怎麼樣能把煩惱妄想停住呢？佛說：就是這樣住。

我們都知道，學佛最困難的，就是把心中的思慮、情緒、妄想停住。世界上各種宗教，所有修行的方法，都是求得心念寧靜，所謂止住。佛法修持的方法雖多，總括起來只有一個法門，就是止與觀，使一個人思想專一，止住在一點上。

譬如淨土宗的念佛，只唸一句南無阿彌陀佛，就是專一在這一念上。南無是皈依，阿彌陀是他的名字，皈依阿彌陀這一位佛。說到念佛，有個笑話告訴年輕同學們知道，有一個老太太，一天到晚唸南無阿彌陀佛，唸得很誠懇，他的兒子很煩，覺得這個媽媽一天到晚阿彌陀佛。有一天，老太太正在唸阿彌陀佛，這個兒子喊：媽！老太太問幹什麼？兒子不響了。她阿彌陀佛，阿彌陀佛又唸起來，唸得很起勁。兒子又喊：媽！媽！那老太太說：幹什麼？兒子又不響。老太太有一點不高興了，不過還是繼續唸阿彌陀佛，阿彌陀佛……兒子又喊：媽！媽！媽！這個老太太生氣了，說：討厭，我在唸佛，你吵什麼。兒子說：媽媽，你看，我還是你兒子呢！不過叫了三次，你就煩了，你不停的叫阿彌陀佛，阿彌陀佛不是煩死了嗎？這個話表面上聽起來是笑話，但是它所包含的意義，實在是很深刻的，不要輕易把它看成一個笑話。

唸阿彌陀佛是持名，等於叫媽，持他的名字。持名唸佛有它的意義，不過現在我們不是討論這個問題，而是說這一種修持的方法，是要唸到一心不亂，達到止、住的境界。我們大家普通唸阿彌陀佛，一邊唸，一邊也照樣的胡思亂想，就像一支蠟燭點在那裡，雖然有蠟燭的光亮，旁邊的煙卻也在冒。又像石頭壓草，旁邊的雜草還是長出來。這種情形不能算一心不亂，因為沒有住，沒有止。真要唸到一心不亂，忘記了自己，忘記了身體，忘記了一切的境況，勉強算是有一點點一心不亂的樣子。做到了專一，一心不亂的時候是止，念頭停止了，由止就可以得定。

百千三昧的定境

我們都聽說過老僧入定，真正入定到某一種境界，時間沒有了，他會坐在那裡七八天、一個月，自己只覺得是彈指之間而已。不過大家要認識，這不過是所有定境中的一種定而已，並不是說每一個定境都是如此，這一點要特別注意。

佛法講修持，百千三昧的定境不同，有一種定境是，雖日理萬機，分秒都沒有休息，但是他的心境永遠在定，同外界一點都不相干。心，要想它能定住是非常困難的。像年紀大一點的人睡不著，因為心不能定。年紀越大思想越複雜，因此影響了腦神經，不能休息下來。

等於說，我們腦子是個機器，心臟也是個機器，但是它的開關並不是機器本身，而是後面另一個東西；那就是你的思想，你的情感，你心理的作用。所以一切學佛，一切入道之門，都是追求如何使心能定。有些人打坐幾十年，雖然坐在那裡，但是內心還是很亂，不過偶爾感覺到一點清淨、一點舒服而已。一點清淨舒服還只是生理的反應與心境上的一點寧定，而真正的定，幾乎沒有辦法做到。

佛學經常拿海水來說明人的心境，我們的思想、情感，歸納起來，只是感覺與知覺，它們像流水一樣，永遠在流，不斷的流，所謂黃河之水天上來，奔流到海不復回，就是那麼一個現象。所謂真正的定，佛經有一句話：如香象渡河，截流而過。一個有大智慧、大氣魄的人，自己的思想、妄念，立刻可以切斷，就像香象渡河一般，連彎都懶得轉，便在湍急河水之中，截流而過了。假使我們做工夫有這個氣魄，能把自己的思想、感覺，如香象渡河，截流而過，把它切斷得了，那正是淨土的初步現象，是真正的寧靜，達到了止的境界。由此再漸漸的進修，生理、心理起各種的變化，才可以達到定的境界。這樣，初步的修養就有基礎了。現在《金剛經》裡還沒有講「定」，先講「住」。

「住」這個字，與「止」，與「定」是不一樣的，而且很不一樣。

先說這個「止」。止可以說是心理的修持，把思想、知覺、感覺停止，用力把它止在一處。等於我們拿一顆釘子，把它釘在一個地方，那就是止的境界。

所謂「定」，等於小孩子玩的轉陀螺，最後不轉了，它站在那裡不動了，這只是個定的比方。

這個「住」呢，跟「止」、「定」又不一樣。住是很安詳的擺在那裡。這些不是依照佛學的道理來說，只是依照中文止、定、住的文字意義來配合佛學的道理加以說明。

不管學佛不學佛，一個人想做到隨時安然而住是非常困難的。中文有一句俗語：「隨遇而安」，安與住一樣，但人不能做到隨遇而安，因為人不滿足自己、不滿足現實，永遠不滿足，永遠在追求一個莫名其妙的東西。理由可以講很多，追求事業，甚至於有些同學說人生是為了追求人生，學哲學的人說為了追求真理。你說真理賣多少錢一斤？他說講不出來價錢。真理也是個空洞的名辭，你說人生有什麼價值？這個都是人為的藉口，所以說在人生過程上，「隨遇而安」就很難了。

例如，好幾位學佛的老朋友們，在家專心修行不方便，與修行團體住一起又說住不慣。其實，他是不能「隨遇而安」而已！他不能「應如是住」，連換一個床鋪都不行，何況其他。實際上，床鋪同環境真有那麼嚴重嗎？沒有，因為此心不能安。所以環境與事物突然改變，我們就不習慣了，因為這個心不能坦然安住下來，這是普通的道理。

須菩提提出的這個問題，是開始學佛遭遇到最困難的問題，也就是心不能安。現在佛告訴他，就是你問的時候，已經住了；就是你問的時候，已經沒有妄想煩惱了。這個意思也有一個比方，當我們走在街上看到稀奇事物的時候，就在這個時候，我們的心是住的喔！像普通講的愣住了，這一段的住，雖不是真正佛法的住，但當這個心理現象，受到突然刺激的時候，好像凝定住了，這是假的心住，不是心安的住，可是從這個現象可以了解，心的住確實有「定」的道理。

三步曲

大家都聽過佛教一句俗話：學佛一年，佛在眼前，學佛兩年，佛在大殿，學佛三年，佛在西天，越來越遠了。那天有一個同學說，他也該回去對父母盡點孝心了，他說這話時是真有孝心，就像佛在眼前。回去以後，爸爸說：你怎麼又回來那麼晚！他看到爸爸那個臉色，實在不是味道，這一下與想回家孝順那一念相比較，又變成佛在大殿了。爸爸再嘀嘀咕咕訓他一頓，結果本來是想回來盡孝心，現在卻到房間躺在床上睡了，那就是孝在西天了。佛法的道理與普通的心理也是一樣的。

如何把煩惱降伏下去，佛答覆得那麼輕鬆：「如是住，如是降伏其心」，就是這樣住，就是這樣降伏你的心。換言之，你問問題的時候，你的心已經沒有煩惱了，就在這個時候，就是禪宗所謂當下即是，當念即是，不要另外去想一個方法。

譬如我們信佛的，或者信其他宗教的人，一念之間要懺悔，這麼一寧靜的時候，就是佛的境界，你的煩惱已經沒有了，再沒有第二個方法。如果你硬要想辦法把這個煩惱怎麼降伏下去，那些方法徒增你心理的擾亂，並不能夠使你安住，這是又進一步的道理。

再進一步的道理，《金剛經》的內容是大乘佛法的大智慧成就，佛教同其他宗教基本不同之處，是智慧的成就，不是工夫的成就；這個智慧包括了一切的功德，一切至善的成就，所以般若是智慧的成就。

如何住和無所住

現在講大乘的智慧，「應如是住，如是降伏其心」，你那個時候，已經安住了；不過剎那之間你不能把握而已，因為它太快了。如果你能夠把握這一剎那之間的安住，就可以到家了。這個是重點，整個《金剛經》全部講完，就是教我們如何住，也就是無所住，不需要住。前面我們提到過，一個學佛真正有修持的人，可以入定好多天，好幾個月，你看他很有工夫，但是他的工夫是慢慢累積來的，就是把此心安住。

可是，此心本來不住。怎麼說呢？譬如我現在講話，從八點鐘開始講到現在，二十分鐘了，每一句話都是我心裡講出來的，講過了如行雲流水都沒有了，「無所住」。如果我有所住，老是注意講幾分鐘，我就不能講話了，因為心住於計時。諸位假使聽了一句話，心裡在批判，這一句話好，那一句亂七八糟，你如果心在想，下一句就聽不進去了，因為你有所住。

所以大乘佛法，如何才能安住？無所住即是住。拿禪宗來講，住即不住，不住即住。無所住，即是住。所以人生修養到這個境界，就是所謂如來，心如明鏡，此心打掃得乾乾淨淨，沒有主觀，沒有成見，物來則應。事情一來，這個鏡子就反應出來，今天喜怒哀樂來，就有喜怒哀樂，過去不留，一切事情過去了就不留。宋朝大詩人蘇東坡，他是學禪的，他的詩文境界高，與佛法、禪的境界相合。他有個名句：「人似秋鴻來有信，事如春夢了無痕」。

這是千古的名句，因為他學佛，懂了這個道理。「人似秋鴻來有信」，蘇東坡要到鄉下去喝酒，去年去了一個地方，答應了今年再來，果然來了。「事如春夢了無痕」，一切的事情過了，像春天的夢一樣，人到了春天愛睡覺，睡多了就夢多，夢醒了，夢留不住，無痕跡。人生本來如大夢，一切事情過去就過去了，如江水東流，一去不回頭的。老年人常回憶，想當年我如何如何……那真是自尋煩惱，因為一切事不能回頭的，像春夢一樣了無痕的。

人生真正體會到事如春夢了無痕，就不需要再研究《金剛經》了。應如是住，如是降伏其心，這個心無所謂降，不需要降。煩惱的自性本來是空的，所有的喜怒哀樂，憂悲苦惱，當我們在這個位置上坐下來的時候，一切都沒有了，永遠拉不回來了。

第三品　大乘正宗分

佛告須菩提。諸菩薩摩訶薩。應如是降伏其心。所有一切眾生之類。若卵生。若胎生。若濕生。若化生。若有色。若無色。若有想。若無想。若非有想。非無想。我皆令入無餘涅槃而滅度之。如是滅度無量無數無邊眾生。實無眾生得滅度者。何以故。須菩提。若菩薩有我相。人相。眾生相。壽者相。即非菩薩。

一切眾生

佛告須菩提。諸菩薩摩訶薩。應如是降伏其心。所有一切眾生之類。若卵生。若胎生。若濕生。若化生。若有色。若無色。若有想。若無想。若非有想。非無想。我皆令入無餘涅槃而滅度之。

佛告訴須菩提，當你問怎麼樣安心時，就安心了。過了許久，佛看須菩提還是不懂，沒有辦法，只好退而求其次，第二步再來講一講，因為那個時機過去了，禪宗所謂機，這個禪機過去了，須菩提沒有懂。現在第二步來講了，佛說：我告訴你，一切菩薩摩訶薩。摩訶的中文意思是大，一切大菩薩們。古代也有將菩薩翻成「大士」或者「開士」，表示是開悟的人。所以我們的白衣大士就是白衣菩薩。摩訶薩是唐宋以後唸的，真正梵文發音是馬哈，訶字唸成哈字。在座很多客家的同學，客家話、廣東話、閩南話比較接近唐音，國語反而距離很遠了。

佛說「菩薩摩訶薩」是倒裝的文句，就是一切大菩薩們，「應如是降伏其心」，應該有一個方法，把自己的心降伏下去。什麼方法呢？他說：「所有一切眾生之類」。現在先解釋什麼叫眾生。佛經裡眾生這個名辭，莊子也說過，一切有生命的東西謂之眾生，並不是單指人！人不過是眾生的一種，一切的動物、生物乃至細菌，有生命的動物都是眾生。有靈性的生命，有感情，有知覺的生命動物，就是眾生的正報。所以眾生不是光指人。

佛要教化一切眾生，慈愛一切眾生，對好的要慈悲，對壞的更要慈悲。好人要度，要教化，壞人更要教化。天堂的人要度，地獄裡的更可憐，更要度。這是佛法的精神，所以說要度一切眾生。

「一切」兩個字是沒有範圍的，任何東西都在一切之內。不過講到眾生這個名辭，使我想起幾十年以前的一樁事。那是在成都四川大學講中國哲學時，提到佛法講眾生，有一個學生就提出來問：植物及礦物有沒有包括在眾生裡頭？我說：那是眾生的依報，不是正報，依報是附屬的，同我們有連帶關係。他說：譬如含羞草，你不能說它沒有靈性！我問他學什麼的，他說他是學農的，我說你學農的問這個問題有點奇怪了。

我那個時候年紀還輕，比較愛弄玄虛，就說：既然學農的，應該知道，含羞草根裡頭有一水泡，人手的熱氣一接觸，水就下降，葉子就像怕羞一樣縮下去了。這是機械性，並不是情感，也不是知覺。其實這是頭一天晚上，跟一個學農的教授討論含羞草聽來的，也可以說佛法有靈，知道第二天有人會問這個問題吧！

譚子化書

現在佛學提出來眾生，佛把一切的生命分成十二類。第一是「卵生」，像鳥、雞、鴨等，都是屬於卵生。「胎生」是指人、馬、及各種由胞胎裡生的。「濕生」包括了魚、蚊子、蒼蠅等。「化生」就是變化的東西，如蟬蛻、蜻蜓、蝴蝶等。又照中國古老的傳說，真假不能確定，海裡的鯊魚活到幾百年以上，會跳到沙灘上，一變就是鹿，長一個頭角的鹿，這些都是化生。中國化生的書，幾乎沒有人肯去研究；道藏裡有一本書就叫《化書》，作者是譚子，名叫譚峭，他學佛也學道，是有名的神仙。譚峭的父親是唐朝的官，也就是唐朝唯一大學的校長，地位很高，只有譚峭一個兒子。

可是譚峭十幾歲離家出走，他父親丟了這個兒子，很難過。後來過了一二十年，他回來了，身上穿個道士的衣服，拖個破鞋子，戴個破帽子，怪里怪氣，嬉皮笑臉，就像前幾年那種嬉皮的樣子。他回來勸父親一塊修道去，這是著名的道家人物，學問也非常好。譚子著了這部《化書》，認為宇宙生命的變化自己可以掌握，人可以永遠的活下去。他究竟仍然活著沒有？說不定他跑到我們這裡來，我們也不知道。後來因為人家問他，道是怎麼樣修？他就寫了一首詩，也像是《金剛經》的偈子一樣，很簡單的，有禪宗的境界：

線作長江扇作天　靸鞋拋向海東邊
蓬萊此去無多路　只在譚生拄杖前

他說，整個的宇宙是這麼渺小，線就像長江，扇就像天。靸鞋就是古代的拖鞋，鞋子後跟不拉起來，踢哩踢拉拖起來走。靸鞋拋向海東邊不要了，蓬萊是代表道家的神仙境界，蓬萊此去無多路，他說那個神仙的境界不遠，就在這裡。在哪裡啊？他說，只在譚生，我手裡拿手杖這裡。這個道理也就等於佛告訴須菩提，「應如是住，如是降伏其心」，就在這裡，佛不在西天，就在你這裡。

不過譚子這本書很奇怪，講了化生的道理以後，由科學再歸到哲學，由哲學再歸到政治學，講人生的境界，及如何教化別人，改變別人。他認為壞的時代、壞的世界，是可以變化過來的，他的理論和哲學境界非常之高。所以講到中國文化，這不能說不是中國文化啊！中國文化的精華，我們不能連個影子都不知道啊！

有色無色的眾生

除了胎生、卵生、濕生、化生四種之外，另有一種生命為「有色」，是有形相，有物質可以看見的。另有一種生命是「無色」，不是我們所知，也看不見，可是它確實的存在。譬如說鬼吧！到底有沒有？當然可以告訴大家確實有的，並沒有什麼可怕，那是「無色」的生命，跟我們的陰陽電子不同而已。

我們姑且講活鬼，大家也許沒有看過，如果到貴州、雲南的邊界，就可以聽到活鬼的故事。活鬼稱為山魈，這個山魈，我們拿佛經來解釋就很簡單了，他是「若有色」、「若無色」的眾生。他有時候給你看見，有時候不給你看見，高興給你看見就看見，不高興就看不見。人走到山裡，看到走路的腳印子同我們相反，腳指頭在後面，腳後跟在前面的地方，就知道有山魈。他們非常講禮貌，你不要說這是山鬼啊，那你就吃虧了。你要說有山先生在這裡！他會覺得你這個人知禮，就不會找你麻煩。

這些住在山裡的山魈，很有意思，他們有事的時候，要跑到別人家裡借鍋子和碗筷。他們的樣子很醜陋，矮矮的，就像人倒著腳走來。講的話我們也不懂，必須用手去指要借的東西，那些山裡頭的人都知道，有些壞心眼的人，卻準備一套騙他們的。準備什麼呢？紙做的鍋，紙做的碗，他就很高興的借回去了，結果火上一燒就完了。可是山魈非常守信用，不知道他用什麼方法，有錢人家的東西就到他那裡去了，但是他一百里範圍以內不偷的，他要到外地弄個鍋碗來還你。許多山裡的窮人都拿這些玩意騙鬼，所以鬼不可怕，而人是真正的壞，連鬼都要騙。

有想無想的眾生

另有一類眾生是「若有想」，有思想感覺；另有一類眾生是「若無想」，沒有思想、感覺。細分之下，有些生命沒有思想、沒有知覺，但有感覺。

另有眾生是神的境界，照佛學的分類，神的類別太多了，小則分為三十多種，大則分為六十多種，再細分析下去，有幾百種。神也有他的等次，一類叫「非有想」，不是沒有想，但是看起來沒有想。譬如有些人在打坐，你看他好像不知道，可是他又知道，真知道嗎？又不知道。其實，世界上還有更多種類的生命，不過佛法大致歸納為十二類。

世界上的生命有這麼多種類，唯有人很壞，但人也最具備一切。我們不要認為人類是「胎生」，在我看來，人類具備了十二類生。我們是胎胞裡精蟲卵臟的結合，所以是「卵生」，「胎生」。在媽媽肚子裡是「濕生」。要青菜、蘿蔔、牛肉、洋蔥堆起來才能長大，所以也是「化生」。人也是

「有色」，身體機能有物質可見。但是講到人的生命——氣，又不是物質了，也看不見，所以是「無色」。「有想」，我們當然有思想，有時候我們呆住，或者沒有什麼思想，笨得要死，那又入於「無想」。還有許多人到達「非有想」、「非無想」的修道境界，雖沒有成功，但他已經到達了「非有想」、「非無想」。

說到「非有想」、「非無想」，想到大陸上我曾聽說一兩個地方，是在浙江紹興的一個小廟子，有一個道士在那裡打坐，據說已坐了二百多年，還坐在那裡。每到過年的時候，鄉下人要來替他剪一次指甲；人坐在那兒沒有死，摸摸還有點體溫，據說是入定了。有些修道的人說他不是入定，是在那個定的境界出不了神，在那個身體軀殼裡頭，因為修成功了，所以出不來，離不開身體。

另外我還看到過一個學佛的人，據說打坐定力很深，工夫很好，已經坐在那裡七八十年了，也沒有死，也沒有出定，他也不會想什麼，似乎等於死人差不多。他的背拱起來一塊，摸摸那個地方，像脈搏一樣在跳動，所以有人說他入定了。不過一般修道內行的人，也曉得他出不了神。你們年輕人怕打坐走火入魔，像這一類的樣子才叫作走火入魔！大家看看，自己有沒有資格走火入魔！所以說，放心啦！你還差得遠呢！可是，這也不一定是走火入魔，在那種情況下，這個生命的存在，就可以說是「非有想」、「非無想」的境界。所以說，在人類這個生命的小宇宙裡，所有生物的生命現象，人都具備了，只是大家沒有回轉來分析自己罷了。再根據譚子《化書》的道理，人可以成仙、成佛、成鬼、成神；人也是可以變化的，一切就看你自己的智慧了。

洪福　清福

現在佛告訴須菩提說，世界上「一切眾生之類」，注意這個「之類」，佛把它歸成十二類生命。他說：「我皆令入無餘涅槃而滅度之」。一個學佛的人，首先要發願，立一個志願，救世界上一切眾生。因為眾生皆在痛苦中，都在煩惱中。有富貴功名的人，有富貴功名的痛苦與煩惱；貧窮及生老病死等，也都是煩惱。講戀愛有講戀愛的煩惱，結婚有結婚的煩惱，生孩子有生孩子的煩惱，總之，人生隨時都在痛苦與煩惱中。所謂煩惱，比痛苦的狀況輕一點，兩個名稱不同。一個學大乘佛法的人，沒有先考慮自己，學佛是要成就，好去幫助眾生，救度他們，使他們進入沒有煩惱，沒有痛苦，絕對快樂清淨的境界。這個境界叫什麼？就是「無餘涅槃」。

「涅槃」是個名稱，不要當成端盤子那個盤。涅槃是梵文音，有人翻譯成中文叫它寂滅。這樣翻譯不恰當，後來的人隨便使用是不對的，因為寂滅好像很淒涼，只有一個清淨，其他什麼都沒有，滅掉了。「寂」是清清淨淨，一點聲音都聽不到，學佛結果變成學寂滅，那不是很奇怪嗎？那人生又何必呢？人生本來夠苦了，再去學寂滅，苦上加苦，又不是吃黃連，何必呢！後來又有人翻譯成圓寂，圓滿的清淨。清淨本來是好，可是有些人，並不認識清淨。我經常說，佛法分兩種，走出世間是清淨，走入世間是紅塵。紅塵滾滾，這個世界上，都市中，都是紅塵。人世間為什麼叫作紅塵呢？唐朝的首都在西安，交通工具是馬車，北方的紅土揚起來，半空看見是紅顏色的灰塵，所以稱為紅塵滾滾。現在汽車排的是黑煙，爬到觀音山頂上看台北，是黑塵滾滾。

紅塵裡的人生就是功名富貴，普通叫作享洪福。對皇帝是用「洪福齊天」，因為「洪」字不好意思寫，就寫個「鴻」字。其實「鴻福」這個字不大好，雖然文學境界不錯，但有罵人的味道！因為「鴻」像飛鳥一樣飛掉了，哪還有什麼福啊！這個同音字用得不好，一般人不察覺就用下去了。

清淨的福叫作清福，人生洪福容易享，但是清福卻不然，沒有智慧的人不敢享清福。人到了晚年，本來可以享這個清福了，但多數人反而覺得痛苦，因為一旦無事可管，他就活不下去了。有許多老朋友到了享清福的時候，他硬是享死了，他害怕那個寂寞，什麼事都沒有了，怎麼活啊！所以我常告訴青年同學們，一個人先要養成會享受寂寞，那你就差不多了，可以了解人生了，才體會到人生更高遠的一層境界，才會看到洪福是厭煩的。佛經上說，一個學佛的人，你首先觀察他有沒有發起厭離心，也就是說厭煩世間的洪福，對洪福有厭離心，才是走向學佛之路。

說到這裡，講一個故事給大家聽，明朝有一個人，每天半夜跪在庭院燒香拜天。這是中國的宗教——拜天，反正佛在天上，神、關公、觀世音、耶穌、穆罕默德都在天上。管它西天、東天、南天、北天，都是天，所以他拜天，最划得來，只要一支香，每一個都拜到了。這人拜了三十年，非常誠懇，有一夜感動了一位天神，站在他前面，一身發亮放光。還好，他沒有嚇倒，這個天神說：你天天夜裡拜天，很誠懇，你要求什麼快講，我馬上要走。這個人想了一會兒，說：我什麼都不求，只想一輩子有飯吃，有衣服穿，不會窮，多幾個錢可以一輩子遊山玩水，沒有病痛，無疾而終。這個天人聽了說：哎唷，你求的這個，乃上界神仙之福；你求人世間的功名富貴，要官作得大，財發得多，都可以答應你，但是上界神仙之清福，我沒法子給你。

要說一個人一生不愁吃，不愁穿，有錢用，世界上好地方都逛遍，誰做得到？地位高了，忙得連聽《金剛經》都沒有時間，他哪裡有這個清福呢？

所以，清福最難。由此看來，涅槃翻譯成寂滅，雖然包含了清福的道理，但是在表面上看來，一般人不大容易接受。實際上涅槃是個境界，就是《涅槃經》裡提出來的「常樂我淨」的境界。也就是說，你找到了這個地方，永遠不生不滅，就是《心經》上說的「不生不滅，不垢不淨」。常樂，永遠如此，是一個極樂的世界，那才是「我」，我們生命真正的「我」，不是我們這個幾十年肉體，卵生、胎生、濕生、化生，會變去的我，那個真我才算淨土，也就是涅槃的境界。

羅漢的涅槃

涅槃分兩類，「有餘依涅槃」及「無餘依涅槃」。

羅漢們得道，證得的是有餘依涅槃；大阿羅漢入定可以達到八萬四千劫之久，現在很難有人相信這種事了。關於此事，讓我們回溯到唐朝玄奘法師到印度留學路上的一個傳說，但他自己的筆記及《大唐西域記》裡沒有記載。當他走過新疆天山以南，到了印度北邊，靠近喜馬拉雅山的後面一個雪山地方時，天氣很冷，到處都是雪，但是有一個山頂上卻沒有雪，雪下來也不積留。玄奘很奇怪，跑上去看，發現地上有很粗很長的頭髮。他看了半天，認為這裡頭可能不是這個劫數的人，也許是上一個冰河時期的人。結果真的挖出一個很高大的人來，玄奘法師發現那是一個打坐的人，就用引磬在他耳朵邊上叮叮叮，慢慢的敲。這位先生出定了，他說是釋迦牟尼佛之前迦葉佛末法時代的比丘，出家自己自修得定，在這裡入定等釋迦牟尼佛下世，好向他請教。玄奘法師告訴他，釋迦牟尼佛已經涅槃了。他說：那我再等吧！等下一次彌勒菩薩來吧！玄奘法師拖住他的耳朵說：老兄，你慢一點入定，這樣不是辦法，你等彌勒菩薩再來是要出定找他，誰來通知你出定呢？他說：這也對呀！玄奘法師說：你有辦法出神離開這個身體嗎？

出神並不容易，剛才講那些修行人，坐了幾十年都出不來。玄奘告訴他，自己要到印度取經去，叫他到中國去投胎，將來作自己的弟子。並且告訴他，到了大唐向那個最大的宮殿去投胎當太子，等他回來。於是這個人就出神走了。玄奘二十年後回來，見唐太宗說到此事，要找這個來投胎的太子出家，但查遍後宮，當天沒有太子出生，結果發現武將尉遲恭家裡那天生了一個姪子。原來那羅漢來大唐投胎，看見尉遲恭的王府，就錯認為皇宮了。唐太宗把尉遲恭找來對他說：我要出家，但當皇帝不能出家，你就讓你家那個孩子代表我出家吧！

玄奘法師想，那個羅漢定力那麼高，見面時應該認識我！豈知羅漢、菩薩也有隔陰之迷，投一個胎就迷掉了。對玄奘似曾相識，卻搞不清楚。皇帝下命令出家，當然可以，但有三個條件，一車美女服侍他，一車酒肉，一車書。這就是後來玄奘法師的唯識傳人——窺基法師的故事，又稱三車法師，此說也許是影射的戲論。

為什麼講這個故事呢？從這個故事我們就會了解，得到了那個清淨、一念空的境界，才能夠入定；而且連身體都可以忘掉，也可以抗拒氣候的變化，甚至地球的各種物理變化。那個羅漢是有功力的人，一念空掉就入定了。

但是念空可不是住啊！大家要特別注意，念空不是住，那是假住，住在空上，那是不究竟的。玄奘挖出來的這個羅漢，就是住在這個空上，所以叫作有餘依涅槃。餘什麼？習氣。因為他的習氣沒有變，所以轉胎一來，功名、富貴、美人、香車，什麼都要，這是這個羅漢自己剩餘的習氣，《維摩經》上叫作「結習未除」。

有些學道學佛的朋友說：老師，你叫我來打坐、學佛，我是很高興，就是有一個東西丟不下。我說：那你就兩打吧！打打牌，打打坐，都可以方便。因為他這個結習未除，也就叫作有餘依涅槃。其實我們在座有很多打坐的同學，都入了這個涅槃了，來到這裡，法師把木魚一敲，打坐好好的，念頭蠻空；等到穿上鞋子下了樓，趕快找地方去打牌啊，喝酒啊，就是有餘依涅槃。

佛的涅槃

有餘依涅槃是羅漢境界，不徹底；無餘依涅槃是佛境界，是非常徹底的。佛說學佛的人第一個發願使一切眾生都成佛，都能夠達到「我」的成就一樣，「令入無餘涅槃而滅度之」。所以，學佛第一要發願，大乘佛法如果沒有這個願力，學佛是不會成就的。如果覺得自己很痛苦又煩惱，沒有大乘的願力，那不是佛法真正的精神；因為這是消極的、逃避的，連羅漢境界都談不上。佛的願力，學佛不是為自己，是為一切眾生。

如是滅度無量無數無邊眾生。實無眾生得滅度者。何以故。

他說，學佛要這樣大的願力，要度盡一切眾生，使他們解脫痛苦與煩惱。痛苦與煩惱是很難解脫的，佛也只告訴我們解脫煩惱與痛苦的方法。解脫是靠自己，不是靠他力。佛不過把他成就的方法告訴我們，要你自己修持才行。

佛教化救度了無量無數無邊的眾生，心裡並沒有說某一個眾生是我度的，絕沒有這個觀念。這是佛的願力和胸襟，學佛先要學這個胸襟，就是說雖幫助了千千萬萬人，心中沒有一念認為是自己的功勞。佛的境界謙退到極點，他要度盡一切的眾生，而心中沒有絲毫教化人，度人之念。所以，佛同其他宗教解釋的教主是不同的，佛沒有權威性，非常平凡，很平實，只說你的成就是你自己的努力。

「何以故」，什麼理由要如此呢？這是他加重語氣。

四相和我的觀念

須菩提。若菩薩有我相。人相。眾生相。壽者相。即非菩薩。

他說，須菩提啊，一個學大乘菩薩道的人，心胸裡頭還有你、我、他，甚至給了人家好處時，心想這個傢伙應該買買我的交情才對！這是世間法的作風，佛法沒有，給了就給了，要像「事如春夢了無痕」一樣的忘掉它。如果說故意把它忘掉，那就「即非菩薩」，因為你還有個故意。天地生萬物，天地不佔有，不自私。所以我常常說，道乃天下之公道，不屬於誰的，告訴你，你拿去吧！

話又說回來了，既然佛都告訴你了，為什麼你不能到達佛的境界呢？

《金剛經》中說到四相，「相」這個字，就是現象，文字上是現象，依照人的思想心理來說就是觀念。我們人有一種觀念，就是有人相，總是有你、我的觀念。「我相」就是我，「人相」就是「眾生相」，就是現在學術名稱所謂社會人類，在佛學的範圍都屬於人相，眾生相。我相又分兩種，一種是人生命的個體，我是我，你是你，他是他，每個人是不同的個體。一種是屬於精神上的，一個學問好的，或者是地位高的、年齡大的，常看他人都是小孩子，幼稚。我現在也常常犯這個毛病，會說你們年輕人懂什麼？這是我相，因為覺得「我」嘛！倚老賣老。

不錯，倚老賣老是我相，但有許多年輕人倚小賣小，那也是我相。更有許多小姐們倚女賣女的，也是我相。許多男孩也有倚男賣男的：我是小孩，老師請原諒！我說，不要倚小賣小，倚男賣男了，這些都是主觀成見，就是精神觀念上有個我。所以文章是自己的好，這是我相。本來文章寫完了就完了，別人改一下文章，那要命啊！心裡受不了……這都是因為心理上的我相，也叫作法我見，這個法就是精神的我見。

至於「眾生相」，是社會一些人類的範圍，前排的人同後排的人，只要一坐下來，人相我相就起來了。感覺前排的人很討厭，頭太高了，坐在我矮子前面，使我看不見。人相我相一來，眾生相就來了，唉！這個環境佈置得不大好，管事的人不大對，接著壽者相來了，唉呀！空氣不好，有傳染病，會使人短命。

這個四相是依根而來的，先由眼根，人的煩惱都因這四相而起。鳩摩羅什把它歸納起來叫作四相，玄奘法師的翻譯，再加三個，成為七相。鳩摩羅什把後面三個統統歸入「壽者相」。壽者相很嚴重，我們人都喜歡活得長，你幾歲呀？五十八。嘿，我六十了，你比我小兩歲。你幾歲啊？八十二，你比我大幾歲……這都是壽者相！要「我」活得長，要「我」健康長壽。每個人來學打坐，乃至在座來學禪的，十個有九個半，甚至十個有五雙，都是以壽者相的觀念來學打坐的。那麼，這與佛法的《金剛經》就大有出入了！要注意，要去了這四相，完全離開了這四相，才可說是學佛的真正境界。本經的原文，佛說這四相，用現在的話來講，這四相是人類眾生共通的，牢不可破的，頑固的主觀觀念。要把這個觀念破除掉，學佛就差不多了。

現在佛告訴須菩提，一個學佛的人，先要把心胸願力放在前頭，能夠為眾生發願，不為自己，而是為大家去努力。因為要度眾生，但又沒有度眾生的本事，所以要去努力。佛又說，你完成學佛的這個願望，度完了眾生，自己並沒有覺得度了什麼眾生。

三輪體空布施

這一段，佛學有一個名稱，叫作「三輪體空」，輪者不是車子的輪子，輪是形容辭，指三個部分，就是施者、受者、施事，這就是講布施的重要。《金剛經》現在開始講般若了，般若的第一個眷屬，就是布施。剛才這一段已經開始要講布施，先說明三輪體空的道理。

布施有三種，第一種財施是外物的，像金錢財物等布施，這叫外布施。第二種法施是精神的，如知識的傳授，智慧的啟發，教育家精神生命的奉獻等，都是精神的布施，這種屬於內布施。第三種是無畏布施，如救苦救難等。不管是哪一種布施，施者應該抱持無施的心態，用一種希望他人能夠得到益處的心情來貢獻，那就是宗教家的精神了。必須做到施者無此念，無人相、無眾生相、無壽者相。受者也空，施事也空。看到人家可憐應該同情，但是同情就是同情，布施了就沒有事了，忘記了誰接受我的布施。做完了以後，「事如春夢了無痕」，無施者，無受者，也無施事，這才是佛法布施的道理。

所以佛在這個世界上，以師道當人天的師表，教化一切眾生，救度一切眾生，度完了，他老人家說：再見，不來了。只是吩咐四個弟子暫時不要死，要「留形住世」，活著等彌勒菩薩下來。佛的這個精神就是三輪體空的布施。

快樂痛苦皆無住

這裡著重的是剛才提到的法布施，因為須菩提問到如何使心妄想煩惱降伏下去！怎麼樣使自己的心寧靜，能夠永遠安詳停留的保持住。佛先答覆他：就是這樣。因為須菩提不懂，所以佛接著在下章就說了一段理由，說大乘菩薩道的修行方法，也包括精神的生命，應無所住行於布施，任何事情一做便休——無所住。應該無所住行於布施，這個叫修行。你心理的行為隨時做到無所住，一切都布施，都丟開了，這是我們普通的話，都丟掉了。禪宗經常用一句話，放下，就是丟掉了。做了好事馬上丟掉，這是菩薩道；相反的，有痛苦的事情也是要丟掉。有些人說，好事我可以丟掉，就是痛苦丟不掉啊！

實際上，好事跟痛苦是一體的兩面而已，一個是手背，一個是手心。假使說，好事他能夠真丟開的話，痛苦來一樣可以丟開，所以痛苦也是一個很好的測驗。如果一個人碰到煩惱、痛苦、逆境的時候丟不開，說他碰到好事能丟得開，那是不可能的。

儒家經常告誡人，不要得意忘形，這是很難做到的。一個人發了財、有了地位、有了年齡，或者有了學問，自然氣勢就很高，得意就忘形了，所以人做到得意不忘形很難。但是以我的經驗還發現另一面，有許多人是失意忘形；這種人在功名富貴的時候，修養蠻好，一到了沒得功名富貴的時候，就都完了，都變了，自己覺得自己都矮了，都小了，變成失意忘形。

所以得意忘形與失意忘形，同樣都是沒有修養，都是不夠的；換句話說，是心有所住。有所住，就被一個東西困住了，你就不能學佛了。真正學佛法，並不是叫你崇拜偶像，並不是叫你迷信，應無所住而行布施，是解脫，是大解脫，一切事情，物來則應，過去不留。等於現在引磬一敲，下樓就是下樓，《金剛經》還是歸《金剛經》，你還是你，如此應無所住。

轉化十二類生

有一位同學提出來說，很多年前，也曾經聽我講過這一段，除了我前面講過的，好像還有進一步的道理。其實，所謂進一步的道理就是：這個境界就是有願力，一個大乘菩薩發願及菩薩行，應該是救盡天下蒼生，而自覺沒有做什麼救蒼生的事情。一個人救人、利人是應該的，假使心中還有利人、救世、度人之念，已經不是菩薩道了。這是指外在行願方面，內心修持更須這樣。我們自己學佛是求戒定慧的究竟，可是大家在修持方面，或者在靜坐方面，都是在著相。

譬如許多人為了身體的健康，學各種的方法，打坐、守竅、修氣脈轉動，實際上，已經都落入壽者相了；接著我相、人相、眾生相也都跟著而來，學佛的成就當然不會大了。又如修淨土唸佛的朋友們，假使唸一句佛號，觀念裡頭或下意識中，附帶有我相、人相、眾生相、壽者相的情況，那也不能得到究竟的成就。舉凡這些，都是要修行人自己細心檢查心念才會發現。

關於卵生、濕生、化生、胎生等，我們上一次也分析過，人的生命裡頭，本身內在就具備有這十二類生。人活在這個世界上幾十年，或者一百年，大部分時間並不是為自己活著的。我們仔細分析一個人，活著是為了面子，為了漂亮，人生時常是做給人家看，或者做給兒女看的。

當年有一個同學告訴我，父母盯得很緊，他生氣了，因為他是個獨生子，他告訴父母：你少盯一點好不好，否則我不給你念書了。這個話也對啊！現在的青年考聯考，好像都是為了父母、為社會、為家庭。人是很可憐的，活了一輩子，一天吃三頓飯，只有十分之三是為自己生命所需而吃，其餘大部分是供養自己身體中的卵生、濕生、化生吃的。腸子裡有蛔蟲，身體中有各種細菌，所以宇宙中所有的一切眾生，及各種的現象，在我們人體的內部都統統有了。所以說，人體是個小宇宙，左眼是太陽，是陽；右眼是月亮，是陰；我們身上的大小腸，就是身體中的江河、海洋，《西遊記》叫它是無底洞，吃下去漏出來，永遠填不滿的無底洞。又如身體上有骨骼的地方就是山崖、岩石；人體內部又有各種的生命，每一個細胞就是一個生命，包括精蟲卵臟等等，這些都與禪定有關。

真正的修持，得定者初禪念住，雜念妄想沒有了。二禪氣住，所謂打通氣脈，外表呼吸停掉了。三禪脈住，脈搏不跳動了，連心臟跳動都非常緩慢。四禪才是捨念清淨，整個的身心丟開了，沒有感受。但是要想達到氣住脈停的定境，必須先把自己身體上卵生、濕生、胎生、化生等十二種類，整個變化了才行，就是儒家所講的變化氣質。假使我們這個色身沒有轉化而想修持得定，那是絕不可能的。

所以這位同學憋著我講這一面，認為我還留了一手，實際上這一面是講實際工夫，幾乎沒有人相信。普通《金剛經》這一段講過去就算了，現在既然有人指出來，已經留不住了，這一手也要露一露，大概就是這樣，這是補充第三分。

說三十二品偈頌

另外有人提出來，說我曾寫過《金剛經》三十二品的偈頌，本來我不想講，因為這是四十年前的事了。那時我在峨嵋山上閉關，不要說人看不到一個，鬼影子也看不到一個。尤其到了秋後大雪封山，連猴子都爬不上了，人要下山很容易，就是西方人的滑雪，弄兩根木棍，屁股上包一些樹皮，隨便這麼一溜就下來，一瀉千里。要想上去啊！只好等明年春天了。有一天晚上沒事，藏經中抽出《金剛經》來看，也不曉得著了什麼道，一下子高興起來，又感動萬分，不由自主的，一夜之間把《金剛經》的三十二品，作了三十二個偈子，說明這個道理。後來下山以後有人傳出來了，不過到了台灣連原稿也掉了，因為我平常的習慣，自己作的東西隨手就忘了。這一點雖是壞處，但也是好處，就是可以修道，過了就丟，所以說入無餘涅槃而滅度之，一切都把它空掉了。另外我也不太記這些東西，也是懶得介紹這些東西。譬如在大學上課，很多同學問我：老師你有什麼著作？我也搞不清楚我有什麼著作！也沒有觀念去推銷。現在同學們提起來這個偈子，就順便說一下。不過我那個三十二首偈子，比你們聯考作得快，三十二品的意義，一夜之間把它用禪與佛的道理說完了。第一首偈子「法會因由分」，大概是這樣子：

第一品偈頌

緇衣換卻冕旒輕　托鉢千家汗漫行
何事勞生終草草　蒲團洗盡旅途情

「緇衣換卻冕旒輕」，緇衣就是和尚們穿的衣服，印度的規矩，出家人穿染色的衣服，高尚平民穿白的衣服。所以現在我們寫信給出家人時，下面往往自稱白衣某某，表示自己是白衣居士。出家人的衣服染了顏色，就稱緇衣，就是說釋迦牟尼佛出家了，穿了一件和尚衣。皇帝戴的那個皇冠是冕旒，中國人戴的稱天冠，前面還掛些珠子之類。這一句的意思是說皇帝不當了，換句話說如果一個人能夠丟掉帝王富貴，能夠放得下一切，才夠資格學佛。像釋迦牟尼佛一樣，皇帝的那個皇冠，隨便就甩掉了。

「托鉢千家汗漫行」，然後以釋迦牟尼佛的身分，還出來化緣呢！不管窮人、富人家裡都去化緣。

「何事勞生終草草」，我們人生為什麼勞勞碌碌，佛學名辭叫作勞生，一輩子在勞苦中，忙忙碌碌一輩子，生時莫名其妙的來，最後莫名其妙的就走了，所以是「何事勞生終草草」。

「蒲團洗盡旅途情」，旅途是人的一生，看來人生沒有別的好事，只有蒲團一個，兩腿一盤，萬念皆空最好。

這是當時作的第一首法會因由偈子，當然這個文字，我自己也看不上，不過有時候想想，現在叫我再作，一夜之間還作不出來，人生就是那麼怪。

第二首是「善現起請分」。善現就是須菩提，須菩提起來問問題，佛答覆他，「善護念」。「善護念」是個要點，如是住，如是降伏其心，就是這樣定住，就是這樣把煩惱降伏下去。

第二品偈頌

萬象都緣一念波　護心那用修多羅
岩中宴坐已多事　況起多餘問什麼

「萬象都緣一念波」，人生的煩惱和一切痛苦，就是一念，沒有第二念，千千萬萬不同的現象，就是一念動了。像大海水，平水無波忽起一個波浪，一點動，千萬點煩惱就跟著來了，所以說萬象都緣一念波。

「護心那用修多羅」，佛不是告訴他善護念嗎？真正的善護念何必用佛經呢？修多羅就是佛經，梵文名稱就是素怛覽。真正悟了道的人，不看佛經也一樣此心平靜，所以說「護心那用修多羅」。

第三句，先要說明一個典故。須菩提是佛的十大弟子之一，佛經上記載，有一天他跑到一個崖洞裡宴坐。什麼是宴坐呢？注意啊！大家要學打坐的注意啊！尤其是老同學們！不依身、不依心，不觀這個身心，不依亦不依，這個樣子才叫宴坐，也就是打坐。你看我們大家坐在那裡，又聽呼吸，又練腿，又練氣功，統統在身上搞。不然就搞念頭，像水上按葫蘆一樣，這邊這個撲隆咚才按下去，那邊那個又浮上來；這邊念頭冒上來一個，那邊又來一個。真正的入定是不依身，也不依心，但是「不依」是個空的境界，還是不對，所以不依亦不依，這才叫作宴坐。

須菩提有一天在岩中宴坐，什麼都沒有，忽然空中天女散花供養，天花掉了下來，大概須菩提正好張開心眼吧！不然怎麼知道天花掉下來呢！須菩提就問，哪一個在散花供養？空中有個聲音說：是我呀，我是天人，因為尊者在此說法，所以我空中散花供養。須菩提說：我沒有說法啊！這個天人說：善哉！善哉！尊者以不說而說，我們以不聽而聽，因此，我們要供養。這是說到須菩提的一段故事。

「岩中宴坐已多事」，你那個打坐入定已經很多事了，道就在這裡，菩提就在這裡，打坐不打坐，都在菩提中，你在那裡打坐裝模作樣已經夠多事了。

「況起多餘問什麼」，這一下又來問《金剛經》，佛啊！如何住啊？如何降伏其心？這就是禪的道理，當下可以了解了，大家當下都可以入無餘涅槃而滅度之了。

第三分叫作「大乘正宗分」，就是剛才講的胎生、卵生、濕生、化生，入無餘依涅槃而滅度之。

第三品偈頌

四相初生四象殊　羲皇以上一無無
劇憐多少修途客　壽我迷人猶諱愚

「四相初生四象殊」，我們大家都知道，佛家有四相，人相、我相、眾生相、壽者相，等於《易經》的四象：老陰、老陽、少陰、少陽。拿空間來講，東南西北也是四象。人生統統被現象所困，四相初生的這個四相，同《易經》的四象就有差別，一念一動，外境界就有差別了。

「羲皇以上一無無」，我們中國文化開始的時候，伏羲畫八卦，一畫開天地。當這個一還沒有畫動以前，天地沒有，宇宙還是空的，伏羲畫卦以後，天地開闢了。羲皇以上是講形而上道，萬法本來空的，既是空就不必去用工夫求了。我們現在很可憐，大家學佛拚命去求空，這豈不是背道而馳嗎？既然是空，你求得到嗎？能求到的就不是空了。所以說「羲皇以上一無無」，什麼都沒有。

「劇憐多少修途客」，劇憐是最可憐，多少在修行路上走的這些人，都在求壽者相，多活幾年，修個果位，都在四相裡頭滾，自己還以為是在修道。

「壽我迷人猶諱愚」，自己在四相裡頭滾，自欺欺人，還以為高明得很，別人都不行，看不通，只有自己看通了。其實，自己那麼笨，還忌諱自己的愚蠢，自認為最聰明在修行學佛呢！

第四品 妙行無住分

復次。須菩提。菩薩於法。應無所住。行於布施。所謂不住色布施。不住聲香味觸法布施。須菩提。菩薩應如是布施。不住於相。何以故。若菩薩不住相布施。其福德不可思量。須菩提。於意云何。東方虛空。可思量不。不也。世尊。須菩提。南西北方。四維上下虛空。可思量不。不也。世尊。須菩提。菩薩無住相布施。福德亦復如是。不可思量。須菩提。菩薩但應如所教住。

第一等和次等

昭明太子的標題叫作「妙行無住分」。妙行無住的「行」不是走路，是講修行，妙行修佛法的意思。

復次。須菩提。菩薩於法。應無所住。行於布施。所謂不住色布施。不住聲香味觸法布施。

這就是我們上一次講的布施，也是內在的用功。大致上布施分內布施、外布施。我們中國禪宗後來流行一句話——放下，這個話就是布施，一切丟開。人生最難的就是丟開，真丟開了就是真放下，放下就是內布施。做到了內布施就可以成就，就可以成道。這裡佛告訴須菩提內布施的法門，「復次」，白話文就是其次的，次一等的告訴你。第一等的，佛怎麼說我們還記得吧？須菩提問如何住？如何降伏其心？佛就告訴他，就是這樣住，就是這樣降伏其心。等於沒有說，這是第一義。

第一義很難懂，大家都看過《西遊記》唐僧取經，唐僧到了西天，見到了佛，佛就把大徒弟迦葉尊者找來，說他們從東方震旦中國來的，很辛苦啦，功德圓滿，你把書庫打開，把最上等的佛經給他們帶回去。當唐僧帶領三個徒弟到圖書館門口取經的時候，守門的說：拿紅包來。孫悟空氣得拿起棍子就想打。唐僧說：你不要動粗了，這是最後一步，不然我們那麼辛苦，不是白費了嗎？我們沒有錢卻有一件袈裟，拿到當鋪裡當了，給他紅包。孫悟空又氣又罵的，迦葉尊者很難為情，所以廟子裡塑的迦葉尊者，都是歪著脖子縮著頭。其實《西遊記》只是小說，最後拿到了經典到了山門口，孫悟空跟師父吵，說那個老和尚靠不住，還要我們紅包，要把經打開看看，結果發現佛經上一個字都沒有，只是白紙。孫悟空立刻大吵大鬧，被佛聽見了，就叫迦葉尊者來問，迦葉尊者說：你老人家吩咐，給他們最上品的經嘛！我就拿最上等的給他們。佛說：唉呀！那些眾生不懂啦！沒有文字的經他們看不懂，你還是拿有字的給他換一下，拿那個差一點的。所以「復次」是差一點的，有字的經。真正的經典啊，一個字都不需要，本來空嘛！應如是住，如是降伏其心，這個是第一義，就是一張白紙。既然第一等的不懂，「復次」，只好講差一點的。

無所住

佛告訴須菩提：我告訴你，一個真正修行的人怎麼修？「菩薩於法，應無所住」，就是這一句話。

此心應該隨時隨地無所住，如果你此心隨時在空的境界上，那已經錯了，因為你住在空上；如說此心住在光明上，或住在氣脈上，都錯了，因為那不是無所住。「應無所住，行於布施」，什麼叫修行？念念皆空，隨時丟，物來則應，過去不留；就算做了一件好事，做完了就沒有了，心中不存。連好事都不存在心中，壞事當然不會去做了，處處行於布施，隨時隨地無所住。

譬如今天，有人批評你，罵你兩句，你氣得三天都睡不著覺，那你早住在那個氣上。今天有一個人瞪你一眼，害你夜裡失眠，你早住在人家那個眼睛上了。任何境界都無所住，我們看這一邊，那一邊就如夢一樣過去了，沒有了；回頭看另一邊，這一邊做夢一樣就過去了。但是我們做不到無所住，我們永遠放不下，小狗沒有餵啦！老爺沒有回來啦……這一切都不要去管它，無所住行於布施，布施就是統統放下。下面告訴我們所謂不住色的布施。

不住色

什麼是色？色法在佛學裡，分為有表色、無表色、極微色、極迥色。

「有表色」指世界上的光色，青、黃、赤、白、黑，以及長、短、高、矮等，是可以表示出來的。就連我們地、水、火、風，物質世界的東西，包括我們肉體，都可以表示出來。

「無表色」是屬於精神方面的，是抽象的，沒有辦法表示。譬如說，我們大家都曉得原子能，那個能是什麼東西？老實講，除了正式學物理、科學的以外，一般人並不清楚。能的本身是空的，因為空，它的能力無比的大，甚至最後在科學儀器上都看不出來，只知道是這麼一個東西，但卻是無法表達的，稱為無表色。

「極微色」，等於現在講原子、核子，微小到幾乎看不見的程度，經由科學儀器還可以看得出來，故稱為極微色。

「極迥色」，遠大的很，延伸到銀河系統那一邊的，包括了整個宇宙中間的這一些東西，稱之為極迥色。

這些就是色法，簡單的說，色就是地、水、火、風四大，也就是我們這個身體。所謂「菩薩於法，應無所住，行於布施」，是叫我們不要住在色相上布施，不要有對象的觀念。譬如說要做一點功德，出一點錢，或者救濟一個人，然後說救濟了某一個人，那是住相布施。學佛的人幫助、救助人，應該不覺得有對象，有對象的觀念要丟掉，不要留一念在心中。

布施善行的福德，叫作人天福德，是小果報，並不是學佛的大福報。福德跟功德大有差別，《金剛經》專講福德，重點在福德，不在功德。什麼是人生最大的福德？悟道，成道。智慧是人生最大的福報，所謂智慧的成就，指的並不是普通的知識。

再說我們在身上做工夫，閉著眼睛坐在那裡，心裡念佛也好，參禪也好，念咒子也好，都在那裡住色布施。嘴裡說要放下，放下，結果什麼都放不下，兩腿在那裡發麻，受不了。為什麼兩腿發麻受不了？因為他住在色法上，念頭住在色身上。如果念頭不住在色身上，感覺就可以空掉，感覺空了，兩腿兩腳發麻你也不會感覺了。所以一切眾生都在住色修持，而菩薩所謂「不住色布施」，是不住於這個色身上面，一切都放下，身體也放下。

不住聲香味

「不住聲香味觸法布施」，有些同學們，用功好一點時，聽到唸佛唸咒的聲音，然後自己覺得得道了，最後道沒有得，得了個神經。真的，好幾個就是那麼就走了，走到陰國去了，因為他不懂不住聲的道理。有些人打坐，在座好多同學都有經驗，坐得好的時候，突然一陣檀香味來了，其實並無檀香味，可是他的確聞到了。香味哪裡來的？是你內在定境到了極點，人體內部清淨光明就會發出香味來。實際上每個人都不臭的，真的健康的人，唾液口水也都不臭的，只有另外一股人味；像《西遊記》上說的，一聞就知道這裡有人味，妖怪非要吃不可了。也像我們到豬欄一聞，就知道那裡有豬味，狗窩裡一聞，就知道那裡有狗味。那些神仙到我們這個樓上一聞，唉呀！都是人味，受不了。

這個經驗我也有過，在高山頂上住了三年，一下來離都市還有五六里，就受不了那個人味了。其實我也是人啊！只因為在那個山頂，四顧無人的地方住慣了，下來以後覺得人味撲鼻，受不了，要隔很久很久才能習慣。學醫學的就曉得，人體內部並不髒，但是身體內部的東西，一接觸到外面的空氣，與細菌一碰，馬上就有味道了。當我們坐得好，內部發出一種香的時候，如果自認功德無量，聞到菩薩的香味，那你就住香了，那就不對！要「應無所住」，趕快放下。

內觸妙樂的菩薩

「香味觸」這個觸很重要，尤其在座有些用功的朋友，真坐得好的時候，不願下座。你們初學的兩腿發麻難過，坐得好的人，工夫夠了，兩腿發舒服快樂，快樂得你決不願意把腿放下來。這叫菩薩內觸妙樂，身體內在奇妙的接觸到從未有過的快樂。菩薩的戒律，不准入這種定，因為耽著這種禪定，就不肯去度眾生了。誰都願意享受內觸妙樂，哪個人還願意跑來站在這裡講課啊！所以說，菩薩境界是內觸妙樂，觸是身體的感受，但是一個真正學大乘佛法的人，是不應該住於內觸妙樂的境界，是要「應無所住行於布施」。

「法」是意識境界，是屬於觀念、思想、精神方面。如果你心裡還有個空空洞洞清清淨淨，就已經落在法上。所以說，把身體外面的一切丟完，空完了，再把意識方面的也丟下了，這才叫作學佛，也就是「不住色布施，不住聲香味觸法布施」，佛說要這個樣子才對。

講到這裡，佛又叫了一聲，須菩提呀！我告訴你呀！你看這個老人家對弟子多親切，他意思是說孩子啊，下面我再給你講。

雁過長空

須菩提。菩薩應如是布施。不住於相。何以故。若菩薩不住相布施。其福德不可思量。

一個學大乘菩薩道的人，應該是這個樣子來布施來修行，應該不住相，一切現象不留，心中若留一點現象，已經不是學佛的境界了。我們拿中國的文學形容它，就是：「風來竹面，雁過長空」。等於風吹過竹林子，竹林子颯……一陣響風過了，風絕對不停留在那個樹葉子上，風早過去了。修行人的胸襟應該也是這樣，就像天上的飛鳥，鳥在空中飛，是絕對不留一點痕跡的，雁過長空，飛過去了就飛過去了。修行要有胸襟，要有這個境界，這叫作內布施。蘇東坡有一首名詩，也是由佛學裡頭來的：

人生到處知何似　應似飛鴻踏雪泥
泥上偶然留指爪　鴻飛那復計東西

他說人生一輩子像什麼？像下雪天那個鳥，在雪地上站了一下，留一個爪印，飛走了以後，雪又下來，把那個印子又蓋住了。雪上偶然留一個爪印，那個鳥飛走以後，東南西北也就一起跑掉了，那個爪印啊也就不留了。人的一生說要成家立業，子子孫孫，等到你兩眼一閉，兩手一張，鴻飛那復計東西啊？什麼都沒有了。這是蘇東坡的名句，也就是風來竹面，雁過長空的道理，就是說菩薩應不住於相。

年輕的同學要特別注意啊！最近我發現年輕的同學特別喜歡學佛修道，我都有些擔心，我常常跟年輕的同學們談，你年紀輕輕，學這個幹什麼？我這個話你不要難過，這有兩重意義。首先世界上什麼都容易學，唯有學佛是最難最難的事；第二重意義啊，人生畫虎不成反類犬，老虎沒有畫成反畫成了狗，如果學佛學不成，我不曉得你變成什麼！所以啊，希望先把作人的道理完成，再來搞這個學佛的事。但是既然要學佛了，千萬要注意「不住於相」四個字；一住相，什麼都學不成了。

功德和福德

剛才講到「不住於相」這個重點，下面佛又說了：「何以故？若菩薩不住相布施，其福德不可思量」。這裡突然冒出福德二字，他說假使一個修大乘菩薩道的人，能夠不住相布施，那麼他的福德有不可思量的大。福德不是功德啊！功德是積功累德，是工夫時間慢慢一點一點的累積起來的。就像我們一件工程，一天一點累積起來就是功，功力到了所得的結果，就是德。

福德是不同的，上次也講過。福德大致分為兩種，一種是人世間的福德，文學上稱洪福，是世間法；另一種是所謂清福，出世間法。清福比洪福還難，所以人要享清福更難。可是一般世間的人，到了晚年可以享清福時，他反而怕寂寞怕冷清了，此所謂蠻可憐的！這是著相的關係，因為有人相我相的原故所造成。看到孩子們長大出國了，一個人對著電視，或者倆夫妻坐在那裡，變成流淚眼觀流淚眼，斷腸人對斷腸人。其實那個清淨境界是最好的時候，結果因為住相，把世間各種會變的現象抓得太牢，認為是真，等現象變時，他認為什麼都不對了。一般同學跟著我做事常常說：「我看最可憐的是老師」，我說對啊，我想得到一秒鐘的清淨都求不到，很可憐的，求一分鐘的清福都沒有。可是人真到了享清福的時候，往往不知道那是真正的福報來了。事實上，平安無事，清清淨淨，就是究竟的福報。

如果問人世間什麼福最大？答案當然是成佛啦！超凡入聖。靠什麼才能達到超凡入聖呢？智慧的成就不是功德的成就；更不是迷信，要一切都放下了，你才能夠達到智慧的成就。所以佛告訴須菩提，假使能夠不住相布施，這個人的福德不可思量，這個福報太大了，大到想像不到的程度。不可以思，不可以思想它；不可量，量就是量一下看，一次兩次，一丈兩丈，一斗兩斗，所以叫作「不可思量」。

須菩提。於意云何。東方虛空。可思量不。不也。世尊。

須菩提啊，你的意思怎麼說呢？東方虛空，一直向東方走，這個太空有多大？你可不可以測量得出來？須菩提回答說：「不也，世尊」。四個字兩句話，這是須菩提答覆佛說的。「不也」，古文就唸否也，不唸不也。現在唸成不也。現在很多話與我們文化不合，漲價的漲字，現在人說成膨脹的脹，說起來道理也通啦！漲價當然就是膨脹起來，潮水上漲，不是潮水上脹，不過現在的國語沒有辦法，我們只好照現在的國語說。他答覆佛的問話是說：不可以，世尊。由這裡向東方走，整個的太空有多大，人是沒有辦法測量的。

須菩提。南西北方。四維上下虛空。可思量不。不也。世尊。

南西北方是三方，加上他講過的東方，東南西北叫四維，四維以外還有上下。佛問南西北方，四維上下的虛空，隨便向哪一方，整個的太空有多大？你能不能量得到？須菩提回答說：「不也，世尊。」他說這是不可能的。如果用我們中文來說就很簡單：「六合虛空，可思量不？」東南西北上下叫作六合，「六合虛空，可思量不。不也，世尊。」一句話就完了嘛！可是印度話分兩句，兩句還是鳩摩羅什法師簡化的翻譯，如照老式翻譯就是「於意云何，東方虛空可思量不。不也，世尊。」「於意云何，南方虛空可思量不。不也，世尊。」「於意云何，西方虛空可思量不。不也，世尊。」六百卷的《大般若經》就是那麼說下去的。所以看《大般若經》六百卷，那真是我的菩薩我的媽呀！但是《金剛經》被鳩摩羅什濃縮一下，構成了另外一種文學味道。

可是你不要忘記了，這裡為什麼先提東方虛空？為什麼不像《阿彌陀經》先提西方呢？《藥師經》《金剛經》都是先提東方，講密宗的即身成就法先提北方，講大光明法只提南方不提北方。所以學佛研究佛法，這些都是問題，不要老是寫些佛學文章，五陰啦，十八界啦，十八空啦，那就是色不異空，空不異色，色即是空，空即是色，翻來覆去就是這一些。

東方佛西方佛

東方是所謂生氣方，所以要求長生、長壽，就要念東方琉璃光世界藥師如來。藥師佛是東方世界的佛國，西方世界是講歸宿的，東方世界是談生法的，生生不已，所以東方文化也是生生不已。顯教的經典包含了很多祕密的道理，要大家去參究。你們要學禪宗參話頭，這些都是話頭，話頭都在經典上。如果你以為自己已懂了，光以為東南西北，很簡單，為什麼不南東北西呀？這裡為什麼先提出來東方？先講了東方，再講南西北方，四維上下反而落在最後，什麼理由？這其中要發揮起來，就牽涉得很多了，同我們修持的道理都有關係。

我們大家要學佛修持，先要有東方的生機，生命之機，氣脈發動，色身轉變，才能得定，才能得到妙樂。代表這個的符號，在方位上是東方，是所謂生氣方，像太陽一樣，從東方上來。

為什麼念《阿彌陀經》要念西方？日落西山，夕陽無限好，只是近黃昏，所以趕快打主意，回家吧！念念西方。這些並不是偶然的說一說，佛學裡頭，這些地方都有道理。

須菩提。菩薩無住相布施。福德亦復如是。不可思量。須菩提。菩薩但應如所教住。

這是佛嚴重的吩咐，他又告訴須菩提，一個學佛的人，要能夠做到無相布施，一切相不住。為什麼人要布施，要慈悲呢？拿中國古文來講，就是「義所當為」四個字，人生就應該這樣做。利人、助人、慈悲，這樣不住相的布施，他所得的福德果報，大得像虛空一樣不可思量。須菩提啊，你要記住啊！一個學大乘菩薩道的人，應該如我所教你的，無所住去用心修行，那才是真修行。有些人一天到晚愁眉苦臉，住在愁眉苦臉的當然不對，一天到晚住在散漫無所歸的也不對，不空也不對，要一切無所住，物來則應，過去不留，這是大乘菩薩般若道的修法。

所以禪宗五祖教六祖先看《金剛經》，就是走的這個法門，一切無所住，這就是大乘佛法最基礎的修法，也是最究竟的。可是有一點，大家要注意，我們看《金剛經》講般若，常常有一個非常嚴重的問題，就是認為《金剛經》是談空。《金剛經》沒有一句談到空，他只拿虛空來作比方，大家認為《金剛經》講空法是一個錯誤。《金剛經》只告訴你無所住，無所住並不是空啊！無所住，如行雲流水，你看那個流水在流，永遠不停留的過去了，但是又有來的，而一切是無所住，並沒有叫你空啊！這一點青年同學要特別注意。

在第四品中，佛告訴我們一個修行的方法，認識真正佛法，無所住並不是放下，「菩薩但應如所教住」，就是這樣去修。第二個要點告訴我們，真修到無所住，就是福德成就。

我們曉得做生意要有三種資本，一種是開設的資金，二是貨賣出去貨款未收回時，還要占一筆資金，第三筆是周轉金。學佛只要兩筆資本就夠了，比做生意划得來。哪兩筆資本呢？就是智慧資糧和福德資糧。資糧就是資本，所以我們中國傳統給朋友寫匾額，寫一個——「福慧雙修」。慧就是智慧，所以福慧雙修就是佛境界。有些人有福報，又有錢又有富貴功名，但卻沒有智慧；有些人智慧很高，窮得要死，世間福報不好，也沒得辦法。佛境界就是福德與智慧都圓滿，這叫作福慧雙修，智慧資糧圓滿了，福德資糧圓滿了，就成佛。所以大家唸經的時候，唸到皈依佛兩足尊，兩足就是智慧具足，福德具足。《金剛經》告訴你，真正的福德要怎樣修呢？就是不住相布施。

阿育王的沙子

佛經上記載了一個故事，佛過世百年後，印度有一個有名的阿育王，年輕的時候不信佛，中年以後開始信佛。他一生修了八萬四千個佛塔，其中有一個塔，唐朝以後飛到中國來了，不曉得因為地震還是其他道理，這個塔懸空飛過來，落到浙江寧波的阿育王寺。這個塔裡面是佛當時本身真的舍利子，所以這個廟子本身也稱阿育王寺。

阿育王的時候，有一位尊者優婆毱多，是大阿羅漢，與阿育王兩人是好朋友。你們翻開《阿育王傳》，說到佛出來托鉢化緣，遇到兩個小孩在路上玩泥巴，忽然看到了佛，非常恭敬，又見佛手裡端一個鉢；這時，一個孩子手裡正抓一把沙子，就說：這個供養你！佛說：善哉！善哉！另外一個也最至誠的隨喜了。於是佛就預言了，百年以後，以此功德，一個當治世的帝王，一個當輔相。阿育王就是那個供養沙子的小孩，他有供養佛的好因緣，可是他供養的是沙子，所以一生患皮膚病，皮膚發癢。

歷史上這種人很多，我們清朝末期中興名將曾國藩，功蓋一時，也是一輩子皮膚病。相傳曾國藩是大蟒蛇變的，皮膚癢抓得一片片掉下來。阿育王一生也吃這個苦頭，這個印度一代的名王，非常愛布施，蓋廟子，救濟窮人，救濟社會，結果把國庫的錢快布施光了。最後當他躺在病床上，還要布施，左右的大臣去告訴太子，你不能再讓他布施了，等你接位的時候，國庫裡一毛錢都沒有，怎麼辦？所以大家就把他的布施命令封鎖了不能下達。他知道之後心裡很難過，自己躺在病床上也沒有辦法。有一天吃一個梨子，他把自己兒子等都找來說：我問你們，今天世界上，誰的威權最大？太子和首相都跪下來說：當今世上當然是大王你的威權最大了。阿育王說：耶！耶！你不要欺騙人，我是很有威權，我的威權現在只能達到半個梨子，我現在叫你們布施也做不到，這半個梨子我不吃了，你把它送到那個廟上去供養。他這麼一講，大臣沒有辦法，就用金盤子去接那半個梨子，這時那個尊者在廟子裡就知道了，打鐘打鼓，全體集合，披袈裟到山門口，迎接阿育王最後一次布施。

這位尊者接到阿育王的半個梨子，向大家宣佈這是阿育王最後一次布施，沒有辦法每個人都分到，就用最大的大鍋煮稀飯，把這個梨子丟進去，大家都跟他結緣。等到阿育王一死，這位尊者說他也要走了，就圓寂了。

歷史上這些故事很多，就像道家北派丘長春一樣，成吉思汗一死，丘長春告訴徒弟們說要洗澡，跳進水池洗完了以後說，我那個朋友走了，我也要走，意思是成吉思汗死了，他也要死了。

這是講到福德，這個故事說明什麼？阿育王那一下的布施，小孩子拿的沙子，不住相的布施，的確是無心的；如果說我們大家學學阿育王，明天拿點東西到佛前供供，來生也得一個治世聖王，辦得到嗎？辦不到！因為你是有心，是住相。小孩子拿著沙子，他看那個沙子就像黃金一樣，一念的誠意供養，所以叫作不住相布施。

周利槃陀伽的掃帚

還有個佛經上的故事，關於周利槃陀伽，佛在世時他也跟著學佛，笨得無比，豈只《金剛經》不會唸，連個阿彌陀佛都不會唸，佛最後就叫他唸「掃帚」兩個字。他唸了「掃」，忘了「帚」，唸了「帚」，忘了「掃」，學了好多年才會唸。可是後來他的神通最大，還救了幾次佛的命。一次佛被外道加害，魔王把山壓過來，周利槃陀伽在後面一指，就把山推開了。那個氣功真算到家，有大神通，就是唸掃帚唸出來的。

佛經裡講到他也有一段因緣，當他要到佛那裡出家時，年紀已經很大了，我們這些師兄阿難呀，須菩提呀，舍利子呀，都擋住不准。他就在山門外面大吵，佛在裡邊打坐聽到了，出來問大家，為什麼不讓他出家？這些大弟子們都有些神通，說觀察過這個人，五百生以來都沒有跟佛結過緣，因此無緣出家。佛就罵他們了：你們啊，就只曉得當羅漢，神通只通到五百生，五百生以前他是什麼你們知道嗎？五百生以前那一生他是一條狗，與我有緣。牠跑到一個地方吃大便，那個茅廁叫作吊足樓，你們在這裡很少看到，在大陸高山上住，那個茅廁上面有人大便，大便一落一丈掉到茅廁底。所以古人有兩句詩：「板狹尿流急，坑深糞落遲。」大便要很久才落到底。這個是挖苦古代專門讀書做對子的人，連茅廁也做成對子。那隻狗到這種地方吃大便，上面大便掉下來，正好掉到牠尾巴上。那隻狗嚇得掉頭就跑，一邊跑看到一個古塔，是個有道羅漢的墓，狗看到這個古塔就要翹尾巴屙尿，尾巴一甩就把大便甩到這個羅漢的墳堆上面去了。佛說：他啊，當時就是以這個大便供養我，所以跟我結了緣。那個塔，就是佛那一生修到獨覺佛的骨灰塔。

想想看，那不偶然啊！狗吃大便等於我們吃紅燒肉一樣的香，那是牠的糧食。牠以最好的糧食，尾巴一甩上去，無心的，不住相的，因此啊，牠是福德無量。佛說：以此因緣，所以他可以出家。

這位老頭子跟佛出家以後，都做苦工，佛也教他修持，太笨了，都沒有辦法教會他，稍微多兩句，他就忘了。佛只好叫他去掃地！教他一邊掃，一邊唸「掃帚」，搞了好幾年，他才記住了掃帚，後來他也悟了道。

修行就像掃帚一樣，心裡頭雜念都要掃掉，無住相布施，所以無住相這一句話就是掃帚，你心裡頭什麼妄念都要掃掉。如此修持，就是「如所教住」，心中隨時隨地都達到空其念，不住相而住，這才是真學佛。這是第四品，「妙行無住分」，我給它的偈子做結論：

第四品偈頌

形役心勞塵役人　浮生碌碌一心身
繁華過眼春風歇　來往雙丸無住輪

這一首偈子，也就是說明修行的原理，真正修大乘的妙行，就是這樣子。

「形役心勞塵役人」，我們這個身體就是形，我們這個身體活著很可憐，大家讀過陶淵明的〈歸去來辭〉吧！講人生心為形役。我們人都做了身體的奴役，冷起來要穿，熱起來要脫，餓了要吃，吃飽了要吃消化藥，一天到晚為身體忙。外境界的塵勞指揮我們，我們成為外境物質世界的奴隸。

「浮生碌碌一心身」，中國文學講我們這個人生，又叫作浮生，水面上的一滴油一樣浮在那裡，等一下散掉就沒有我了，水還是水，所以人生如浮萍一樣飄浮在那裡。一天忙忙碌碌，就是為了這個身體，為了一個思想、一點念頭在忙碌，自己騙自己。

「繁華過眼春風歇」，功名富貴呀，兒孫滿堂呀，五代同堂呀，好像熱鬧得很，等於春天到，滿院百花盛開。年輕到中年這一段，哎呀，前途無量，後途無窮，覺得天上天下唯我獨尊。尤其在十二層樓，國賓飯店，或者中央飯店那個旋轉廳一看，台北市我最大，就是那個樣子。這些繁華景象，幾十年眼睛一眨就過了。春天沒有了，百花也謝了，什麼都不屬於我了，只有什麼呢？

「來往雙丸無住輪」，兩個彈子，一個太陽，一個月亮，永遠在轉。

我們死了以後，太陽月亮照樣的轉下去，這個宇宙照樣的是無量虛空，決不因為我們死了就沒有了。所以有許多老年人感嘆，哎呀！不得了啦！現在年輕人真不成話。我說：我以前跟你想法一樣，現在我搞通了，你不要看到年輕人亂七八糟，我跟你老兄，死了以後，太陽還是照樣從東邊出來，西邊下去，他們亂七八糟的歷史啊，也是很繁華的過下去，決不會因為你我死了，歷史會改變了形態。所以人生要把這個道理看通，太陽、月亮，它永遠不斷的在轉，因為它無住，不停留嘛！如果太陽、月亮有一秒鐘停留不轉的話，這個世界整個就沒有了。

所以，我們要知道此心此念，怎樣叫作無住，並不是叫你求空，你定在一個空上，早就有所住了。《金剛經》並沒有告訴你是空啊！如果解釋說《金剛經》告訴我是空的，那你完全錯解了《金剛經》。第四分我給它的偈子是如此，我這些話也是隨便說著玩玩的啊！你不要信以為真，如果你信以為真的話，那你就有所住了。

第五品　如理實見分

須菩提。於意云何。可以身相見如來不。不也。世尊。不可以身相得見如來。何以故。如來所說身相。即非身相。佛告須菩提。凡所有相。皆是虛妄。若見諸相非相。即見如來。

非相和空

須菩提。於意云何。可以身相見如來不。不也。世尊。不可以身相得見如來。

大家要注意啊！剛才講叫我們學佛的人要不住相，不住相布施，先說明不住相的福德，這個智慧成就的功德，智慧是無比的大，無量無邊。現在進一步真正告訴我們，怎麼樣見佛。很嚴重啊！我們大家學佛都想見到佛。他對須菩提說：「須菩提，於意云何」，你的意思怎麼樣？可不可以身相來看見佛呢？

佛經上說，佛有三十二相，與我們一般人不同；佛有八十種隨形好，就是八十種跟隨他來的特別好的身相。譬如他一出來可以放光，這個我們都做不到，佛的手一張開，指頭與指頭像簾子一樣，是連著的。上次我們講過，他舌頭吐出來，可以抵到髮根，各種各樣不同，每一種相有每一種相的功德，多生累劫修來的。譬如人拿花、香來供佛，來生變漂亮人，小姐們要注意！衣冠供佛，來生不怕沒有衣服穿，而且身體健康。多拿醫藥來布施，來生一輩子不會生病。前生慳吝醫藥的布施，這一輩子多災多難多疾病，種種都是因果報應。所以佛為什麼得到三十二相、八十種好呢？這是果報來的，因為他多生累劫都在止於至善，都在修行，所以有這個福德生相，這是講他活著的相。他的兄弟阿難，比他差一點，有三十種相好，差兩樣。翻譯經典的鳩摩羅什法師，也是三十種相好。

這裡佛說，你可不可以用有形的形相來看佛呢？這是釋迦牟尼佛問須菩提的問題。須菩提答覆世尊：「不也，世尊。」同學們注意啊！佛是不可以形相來見的，拿形相來見佛，就錯了。那麼你或許會說，廟子裡為什麼要弄個偶像拜呢？那不是偶像啊，真正的佛同其它許多宗教一樣，是反對拜偶像的。那為什麼畫的佛，塑的菩薩都可以拜呢？答案是四個字「因我禮汝」。因為佛的形相存在，你起恭敬心拜下來，那個像是一個代表而已。你這一拜不是拜我，是拜了你自己，你自己得救了。任何宗教最高的道理都是一樣，不是我救了你，是你自己救了你自己。你這一念真誠的恭敬下來，不要說畫的佛，就是拜一根木頭，拜一塊泥巴也罷，誠敬的一念專心，你本身就成功了，就得救了。這叫「因我禮汝」，這並不是拜我啊！佛說的，是拜你自己。你自己的什麼？你的心，你的誠敬。

所以，不但不能以這個偶像認為是見佛，即使是佛在世的時候，都不能把他肉身看為師，那是著相。有一個人著了相，就是《楞嚴經》中的阿難，犯了這個錯誤。佛問阿難：你為什麼跟我出家？阿難說我看你相貌好，又放光，決不是欲念來的。佛就罵他：你這個笨人，你著相了，是愛漂亮出家的。因此他碰到摩登伽女就有此一劫，這就是著相，所以佛說不能以身相得見如來。

何以故。如來所說身相。即非身相。

什麼理由呢？真正那個不生不死的身，不是這個肉身，肉身還是有生死，修持到活一千年，最後還是要死。譬如說，佛教裡頭有一位禪師叫寶掌千歲，活一千年，在印度活了五百年，因為沒有悟道，曉得將來大乘佛法要到中國，他就先到中國來等著；等到見了達摩祖師，又在中國活了五百年，大陸上好幾個地方都有他的廟子，名字叫寶掌和尚。像迦葉尊者留形住世，那更不講，所以，長壽的人是有，那是肉身的相，還不是不生不滅的。肉身儘管長壽，五百年還是五百年，一千年還是一千年，而永遠不生不滅的，並不是這個肉身相，而是法身。那個法身，不能拿形相來見，所以佛接著吩咐我們一句重要的話。

佛告須菩提。凡所有相。皆是虛妄。若見諸相非相。即見如來。

到了這裡，鳩摩羅什加重語氣，說佛特別告訴須菩提，「凡所有相，皆是虛妄，若見諸相非相，即見如來。」這四句很重要，要特別注意把握住。凡是你有什麼境界，都是假的；凡是你修得出來的，不修就沒有了。你說打起坐來有境界，不打坐就沒有了，因為境界就是相，凡所有相，都是不實在的。

怎麼樣才見到真正的佛呢？見到法身才是真正與佛相見了。若見諸相都不是相，這不是講空啊！一般多解釋成空，那是亂解釋，既然是空的，何不譯成一個空的，那該多簡單啊！他只說，「若見諸相非相」，非相是什麼？沒有給你下定論！所以一般人唸《金剛經》，在這裡自我下個定論，認為是空，那是你的想法，不是佛說的；佛只說「若見諸相非相」，你就見到佛了，見到佛的法身了。

重點是，佛只告訴你不是相，並沒有告訴你空！道理在什麼地方呢？就是無所住。

法報化　體相用

第五品的主要中心就是四句：「凡所有相，皆是虛妄，若見諸相非相，即見如來。」《金剛經》中提到的四句偈，究竟是哪四句？這是千年來一個大問題，因為經文中另有四句，最後的結論：「一切有為法，如夢幻泡影，如露亦如電，應作如是觀。」也是四句。現在第五品首先碰到這四句偈，希望大家研究時要特別注意。現在再回到第五品，佛說不應該以身相見如來。

我們曉得在佛學裡，成佛可以得到三身，就是法身、報身、化身。因此有些廟子塑的佛像，三尊同樣的像排列在一起，代表三身；這是說過去大陸上的大廟子。唐代以後，道教興起，也同樣仿照這個情形排列三清，就是玉清、上清、太清，也是三身，這是談到宗教的情況。其實不論東方西方，一切宗教都有相當程度的互相模仿。

現在我們曉得成佛有三身，清淨是法身，圓滿是報身，千百億形相不同是化身。我們推開佛法的立場不談，專從佛學的觀念來看，法身就是本體，宇宙萬有的本體，借用現代的觀念來說，就是一切的能源。報身是所謂的現象，法身是體，所謂不可以身相見如來，就是不要把現象當作本體。至於化身，是他的變化作用。換句話說，法、報、化三身，拿哲學的觀點來看它，就是體、相、用。宇宙間一切的事物，它本身都有體相用。譬如水是體，水泡了茶，茶是它的相；做了酒，這個酒也是相，不管是酒是茶是冰淇淋，那個水的本身性質是法身，是體；同樣的一滴水，變化各種不同的現象，那是它的用。在理論上，這是我們必須先要了解的法、報、化三身。

在佛法裡講，修持成功的人，禪宗所謂大澈大悟，也就是《金剛經》上說，阿耨多羅三藐三菩提，無上正等正覺。這個悟是悟的什麼呢？是宇宙萬有生命的本體，就是法身，也就是《心經》上所說不生不滅，不垢不淨，不增不減。《金剛經》的開經偈所說：「云何得長壽，金剛不壞身。」也是指法身而言。一念不生全體現，也是指的法身，法身是無相的。

至於圓滿報身，就是修持方面。前面我們也提到佛有三十二種特殊的相，有八十種隨於特殊相所生的隨形好。這個就是說，凡是成就的人、得道的人，父母所生的他這個色身就轉了，這是報身，也是肉身。為什麼講他是報身呢？一切眾生所有的身體就是報身，一生過得非常舒服，樣樣好，享福一生，是他善報所得的報身。有人很痛苦，很艱難的過這一生，這是他過去生所種的不善之因，招致有這一生的這個報身。至於修道有所成就的人，這個報身就轉了，道家一般的觀念所講祛病延年，長生不老，就是報身轉了。報身修到完全圓滿時，整個的人脫胎換骨，就具備了一切神通。這是非常難得的事情，所以說圓滿報身非常難得。

一般道家所講的修氣、修脈，打通奇經八脈，與密宗所講的修通三脈七輪等，多半側重在修報身開始。一般所講的止觀、念佛、參禪，多半側重在修法身上著手。至於報身成就了，修到身外有身，這個肉體以外，同時有另一個身存在的，就是化身的作用了。這是法報化三身大致的情況。

普通一般學佛的人，在理論上所走的都是法身的路線，密教號稱要三身成就，因為三身成就的人，學佛才算真正到家。三身成就另外一個名稱，也叫作即身成就。這個裡頭兩個字不同，即「生」成就，這一生成就、成功了，了了生死，這是即生成就，生命的生。要想即身成就啊，在理論上講，幾乎比這個即生成就還要難，需要所有的戒定慧，所有的修行，去轉化父母所生的這個四大色身。要把色身完全轉化了，才修到即身圓滿成就。

蓮花生

西藏的密教，除了供奉釋迦牟尼佛以外，還供奉蓮花生大士。據說蓮花生大士是釋迦牟尼佛過世八年再來的。他為顯教教主時，是父母懷胎而生，可是他認為在宣揚顯教那一生的時候，重要修行的方法沒有講完，所以再轉生而來，成密教的教主，並由蓮花化生。

當時南印度一國國王夫婦沒有孩子，很難過，夫婦倆在御花園裡賞蓮花，忽然一朵蓮花中央，長高長大，蓮花苞中跳出來一個小孩，有血也有肉，就是蓮花生。後來他繼承王位為太子，十八歲成就，肉體常存。過去在西藏，每年有一個全國性的護摩法會，是一個宗教儀式。護摩的意思像拜火教一樣，什麼東西都拿來燒，有些婦女自己頭髮都剪了，丟進去燒。大火繼續七天七夜，一般人都圍著火光念蓮花生大士的咒語，往往看到他騎一匹白馬，在火光上走一圈就不見了。

據密教傳說，因為蓮花生大士是密教的教主，不像前一生走涅槃的路子，所以騎白馬騰空而去。當他親自現身時，永遠是十八歲少年相，沒有變過，偶爾會留一點小鬍子。這個就是說明報身的成就，修成而永遠存在；也就是道家長生不死的觀念，所謂與日月同休，天地同壽，這就是報身圓滿。當然，報身修成了以後，自然有化身，一切神通具足。所以，要修到即身成就，才算真正學佛圓滿。

我們了解了這些理論和說法後，就知道《金剛經》大體上是著重在見法身。如何見到法身？就是悟道、見道。《金剛經》是般若的部分，所謂般若是側重於證得實相般若，就是生命萬有無始以來的本體。報身、化身則是屬於境界般若，所以佛提出來，不可以身相見如來。這裡所講的如來，就是與一切眾生共同的生命的本來，生命的本體。所以說，我們有信仰，有虔誠是可以的，但是過份著相是不可以的，不但學佛不可以，任何一個宗教，都不可以著相。

身相的執著

以我個人的經驗，執著身相的人非常多。過份著相的人，在醫學上叫作宗教心理病，沒有辦法治療。不僅是佛教方面這類人多，所有的宗教，都有信徒並不追求教理，只是盲目的信仰，變成宗教心理病，在佛法裡有一句話，就是太著相。所以《金剛經》翻譯成《能斷金剛般若波羅蜜多經》，就是說是智慧的成就，不著相，不能以身相見如來就是這個意思。

很多人學禪，做各種工夫，常問：這個境界好不好？這種現象怎麼樣？千萬注意一個要點，「凡所有相，皆是虛妄」。你今天修行打坐這個境界很好，但是你要曉得，你不用功不打坐，那個境界就不好了，可見這不是道。假如盤腿道就來了，不盤腿它就變去了，這叫作修腿，不叫作修道；盤腿就有叫作得腿，那不叫得道。所以借用《中庸》一句話，「道也者，不可須臾離也，可離，非道也」，也就是《心經》告訴我們，不生不滅，不垢不淨，不增不減的道理，並不因為你去修就多一點；也並不因為你不去修就少了一點。如果是修它就多，不修就少，那就是有增有減了，不是道體的道理。道體是不可以身相見的，所以凡所有相，皆是虛妄。

既然凡所有相，皆是虛妄，你說假使前面看到一個佛好不好呢？根據《金剛經》的道理，你們可以想一想，如果你真看見有個佛站在前面，勸你趕快去檢查眼睛，一定有毛病了。也有些人或者聽到什麼聲音，或者心裡有一個特殊的靈感，一般人就去玩這個靈感了。你千萬注意！凡所有相，皆是虛妄。無上菩提是非常平實的，所以古德告訴我們，道在平常日用間。真正的道，真正的真理，絕對是平常的，最高明的東西就是最平凡的，真正的平凡，才是最高明的。作人也是這樣，最高明的人，也最平凡，平凡到極點的人就是最高明的人。老子也說過「大智若愚」，智慧到了極點時是非常平實的。

人常常自命不凡，但那是自命啊！是自己認為自己不凡而已。要真正到達最平凡處，你才會體會到最高的。我常常說笑話，世界上有兩個蘋果成了人類的文化，拿西方的文化來講，一個蘋果被亞當和夏娃吃掉了，所以造出人類的歷史來；另有一個蘋果被牛頓看見了，於是把世界的文明變了一下。

其實我們北方的蘋果，我覺得比美國、日本的蘋果都好吃，我們世世代代吃蘋果，也沒有發現地心有吸力，忽然被牛頓看到了蘋果落地，而發現了地心引力。蘋果很平凡，年年落地，有一個人卻在平常的道理裡頭，找出了一個不平常。譬如水蒸汽很平常，燒開水、煮飯，都有蒸汽，但是瓦特卻發明了蒸汽機。一切的事物，同一理由，在最平凡之中，就有不平凡了。

所以我們學佛學道，千萬要丟掉那些神奇、不平凡的觀念。能到達人生最平凡之處，你可以學佛了，也知道佛了。換句話說，你可以知道凡所有相，皆是虛妄，不但佛不可以得，人世間一切相也不著了。隨時不著相，就可以見到如來，見到自己自性的法身。

這是第五品的結論，非常重要，尤其對我們平常修持的人特別重要。關於第五品如理實見，我當時給它的偈語，現在還是向大家報告一下。所謂理，就是法身，形而上道就是理；報身是事，報身與化身都是事。理是哲學性的，事是工夫的，修證的，是科學性的，所以「如理實見」是見法身。

第五品偈頌

反覆叮嚀無相形　覺時戀夢夢戀醒
慈悲空灑常啼淚　沉醉心扉依舊扃

「反覆叮嚀無相形」，佛是語重心長，再三反覆的告訴我們，學佛不要著相，修道要想成道，無相無形。可是我們人呢？很可憐，所以第二句是：

「覺時戀夢夢戀醒」，這就是人生，我們經常在文學上也看到，大家都會寫，哎喲！人生如夢，你說講這個話的人，他清醒沒有？沒有清醒！不錯呀，人生如夢，他講這一句話的時候，又在說夢話了。因為人在夢醒的時候，感覺自己很傻，嗯，剛才做了一場夢，但是他清醒了嗎？張開眼睛照樣在做夢。更有趣的是，有些人昨天夜裡做的好夢，今天他還坐在那裡想，還捨不得離開夢境，所以人生就很妙，覺時戀夢，醒了以後還貪戀那個夢。做夢的時候呢，又想自己快一點醒才好，你說究竟哪一樣好？自己都搞不清楚。

譬如我們大家都唸李商隱的詩：「此情可待成追憶，只是當時已惘然」，這個就是覺時戀夢夢戀醒。另外兩句古人的名句，在文學上我們經常引用到，「當時只是平常事，過後思量倍有情」。我們人生都有過這種經驗感受，尤其回想年輕的時候，不管男朋友女朋友，所有的事情，在當時看看是很平常，過後都感覺不同。就像我們大家今天晚上坐在這裡的，很平常，如果三十年後大家回想，當年我在復青大廈樓上，我們那一班同學，哎呀，現在都過去了，一定感嘆一番。這就是，「當時只是平常事，過後思量倍有情」。尤其我們老年人，想當年，怎麼樣都是好的，雖然那時鄉下衛生設備不好，蒼蠅叮在飯上面，但是我現在想想，還是那個味道好，趕趕蒼蠅挾挾菜，現在再想那個味道而不可得；當時只是蒼蠅事，過後思量也是倍有情。這就是人生，我們人生很容易欺騙自己，這也就是覺時戀夢夢戀醒。

「慈悲空灑常啼淚」，關於眾生的迷戀，《般若經》上提到一位菩薩，名叫常啼菩薩，常啼，永遠在啼，這位菩薩大概喜歡哭，就是愛哭的菩薩。他覺得眾生太笨太可憐了，害得他儘哭，所以叫作常啼菩薩。佛反覆在《金剛經》裡告訴我們不要著相，可是一般人不懂，所以慈悲空灑常啼淚。儘管常啼菩薩悲痛一切眾生不能覺悟，可是我們一般人呢？

「沉醉心扉依舊扃」，心頭這個智慧之門永遠打不開。智慧之門打不開是自己打不開，而且永遠是緊閉著的，鎖起來的。這是對第五品的結論。

第六品　正信希有分

須菩提白佛言。世尊。頗有眾生。得聞如是言說章句。生實信不。佛告須菩提。莫作是說。如來滅後。後五百歲。有持戒修福者。於此章句。能生信心。以此為實。當知是人。不於一佛二佛三四五佛而種善根。已於無量千萬佛所。種諸善根。聞是章句。乃至一念生淨信者。須菩提。如來悉知悉見。是諸眾生。得如是無量福德。何以故。是諸眾生。無復我相人相眾生相壽者相。無法相。亦無非法相。何以故。是諸眾生。若心取相。即為著我人眾生壽者。若取法相。即著我人眾生壽者。何以故。若取非法相。即著我人眾生壽者。是故不應取法。不應取非法。以是義故。如來常說。汝等比丘。知我說法。如筏喻者。法尚應捨。何況非法。

文喜和文殊

須菩提白佛言。世尊。頗有眾生。得聞如是言說章句。生實信不。佛告須菩提。莫作是說。

這是加進來的一個問題，我們把《金剛經》放輕鬆一點，當作是師生問答的記錄，或者當成一個劇本，不要像唸書一樣死板，要把心扉打開一點去了解。現在佛告訴須菩提說，凡所有相，皆是虛妄，所以如果你夢中看到了佛，或者佛真的站在雲端上，那你就著魔了；那不是真見佛，你儘管拿石頭去丟他，拿《金剛經》打他，你可以說：是你說的，「凡所有相，皆是虛妄，若見諸相非相，即見如來」，你跑來幹什麼？

當年有一個故事，一位非常有名的文喜禪師，從小出家，三十幾歲開始參禪，總不能開悟，於是他從南方三步一拜，拜到山西五臺山文殊菩薩的道場。文殊菩薩是七佛之師，智慧第一，釋迦牟尼佛和許多佛菩薩，多生累劫都是他的弟子。所以大家求智慧，想開悟，都是三步一拜去朝五臺文殊道場。也有人拜了三年兩年才拜到，為的是要見文殊菩薩。

話說這位文喜和尚拜到了五臺山金剛窟，看見一個老頭子牽一頭牛，鬍子白白的，頭髮也是白的，請他到他的茅蓬喝茶，問他道：和尚你了不起啊！三步一拜是從哪裡來的？文喜說南方來的，想求見文殊菩薩。老頭子說：南方佛教怎麼樣？他回答說：南方佛教馬馬虎虎，所以到這裡來，想求見聖人……你們北方五臺山的佛法怎麼樣？老頭子說：龍蛇混雜，凡聖同居啊！

其實整個世界人類社會，都是有聖也有魔，都是龍蛇混雜，凡聖同居。文喜問道：五臺山一共有多少出家人啊？這老頭子說：前三三與後三三。這一句話，千年來也沒人知道他講什麼？一般修道的人就講，前三三與後三三，這就是要人修氣脈呀！後面有三關，尾閭關、夾脊關、玉枕關。前面是印堂呀，守竅的靈門關，這裡是什麼關，那裡是什麼關，都是講這個。其實這個可以當話頭參，前三三與後三三就是禪宗的話頭。

那麼兩個人談到這裡，老頭子就問文喜佛法，這位文喜和尚卻答不出來；老頭子皺了一下眉頭，叫聲：均提，送客。茅蓬後面出來一個童子就說：法師，你請吧！就把和尚送出茅蓬外了。這個文喜和尚正回頭要道謝，就看到文殊菩薩騎一隻獅子站在空中。

可嘆這位文喜，千里迢迢，三步一拜要見文殊，這時才發現原來與文殊菩薩當面對談而不自知，真是後悔莫及，痛哭流涕。以後，文喜發憤努力，終於大澈大悟。文喜悟了以後，到叢林下做苦工，就是部隊裡所稱的伙夫，大陸禪林中就叫作飯頭。飯頭的工作很辛苦，一個廟子裡千人吃飯，那個大叢林的飯鍋，像我這種個子啊，站在鍋裡頭，從外面絕對看不見人。要煮一千多人吃的飯菜，所用的鍋鏟之重，如果沒有練過武功的人，拿都拿不動。所以少林寺學功夫，只要能燒三年飯，你武功就不得了啦！米要整袋倒進鍋去，攪的時候，要有武功才能轉得動那個鍋鏟。文喜禪師因為自己悟了道，願意發心為大家做苦差事，行人所不能行，忍人所不能忍，這就是菩薩道。

有一天文喜在做飯的時候，文殊菩薩在飯鍋上現身，還是騎他那隻獅子，在飯鍋上跑圈。文喜看到文殊菩薩，就是當年在五臺山金剛窟看到的那個老頭子，他拿起鍋鏟一邊打過去，一邊嘴裡說：文殊是文殊，文喜是文喜，你跑來這裡幹什麼？你是你，我是我。文殊菩薩的那個化身飛到空中一笑，說：「苦瓜連根苦，甜瓜徹蒂甜。修行三大劫，反被老僧嫌。」苦瓜當然連根都是苦的啦，這個甜瓜當然連那個蒂都是甜的；修行三大劫數，連釋迦牟尼佛都做過他的學生，倒楣了，反被老和尚討厭。這說明凡所有相，皆是虛妄，反覆叮嚀，也就是禪宗祖師們後來說的：佛來斬佛，魔來斬魔的道理，這也是修行的無上秘訣。

燒佛的和尚

所以說，諸位千萬不能著相，一著相後來都變成精神病了，這是反覆請求諸位，也是警告諸位，不能著相的道理。禪宗到了後來，有一個丹霞燒木佛的故事。

丹霞禪師是馬祖道一的大弟子，他已經當方丈了，冬天冷起來沒有柴燒，就把大殿上木刻的佛搬下來劈了，用來烤火。當家師出來看到了，嚇得說：燒了佛，這個罪過多大！有因果啊！奇怪的是，這個當家的鬍子、眉毛當時都掉下來，脫了一層皮。佛是丹霞燒的，因果反而到了當家的身上去，這是禪宗裡頭奇怪的公案，是有名的「丹霞燒木佛，院主（就是當家和尚）落鬚眉」的公案。這些道理都說明了真正佛法不著相的道理；所以各位用功的時候，千萬不要著相，一著相就嚴重了。

對於佛的這個說法，在第六品中，須菩提提出懷疑了，他說：佛你這樣講了以後，將來有眾生「得聞如是言說章句」，聽到你這樣講，尤其《金剛經》這一種理論流傳到後世，「生實信不」，他們能夠相信嗎？一般人信佛都要著相，完全不著相能夠辦得到嗎？「佛告須菩提，莫作是說。」佛告訴須菩提說，你不要這樣看法，接著，佛就說預言了。

五百年後

如來滅後。後五百歲。有持戒修福者。於此章句。能生信心。以此為實。當知是人。不於一佛二佛。三四五佛。而種善根。已於無量千萬佛所。種諸善根。

這個話很嚴重，因為講到一切無相，不著相才是佛。如果落在鬼神相，一天到晚鬧那些境界，自己走入著相的路線，自找麻煩還是小事，已經落入了魔道事大。因此須菩提提出來問佛，他說你這樣講法，後代能有人真正懂得，能夠相信嗎？佛說你不要這樣看，當我死了以後，過五百年——為什麼講過五百年？佛在世的時候，叫作正法時代；佛過世以後是像法時代，就是有佛像有經典的時候；到了佛經都沒有了，只有迷信的時候，叫作末法時代。所以他說，等我過世五百年後，有人真正持戒、修福，多行善道，功德到了，他的智慧打開就可以相信這個話了。

佛說五百年後，重點是指後世，也有許多說法，針對五百年後這句話，多方研究推測論斷，在此不多作討論。

善行　功德　智慧

剛剛講到釋迦牟尼佛說，在他過世後五百年有人持戒、守戒、修福報，福報修成就了，才能得到無上智慧。一個人不要說智慧，生來能有一點聰明，都還不是一生一世的事。要想得到無上的智慧，不是求得來的，是修來的。要修一切的善行，一切的功德，才成就無上的智慧。這個智慧是悟得的，是持戒、修福累積起來的，加上諸惡莫作，眾善奉行的修福，才真正得到大福報的大智慧。佛在此特別提出來，在他過世以後五百年，有持戒修福的人，才能相信他的話。

五百年後文化演變更不同了，這是一個大問題。我經常跟青年同學討論這個問題，站在物質文明的發展來說，時代愈來愈進步；站在人文、道德、精神來講，愈來愈墮落，是退步的。所以我們現在講時代進步，是站在物質文明的立場來說的；佛法是從人文的立場來看時代的。遲五百年，人的智慧變得越來越低，到了末法時代，人十二歲就可以生孩子，腦袋非常發達，四肢和兩手兩腳越來越小，極聰明而沒有智慧，草木都可以殺人。換句話說，災難、病痛、戰爭隨時存在，這是末法的時候，現在還沒有到。

五百年後，有人真能夠行善修福，於此章句，能生信心，對於佛經中「凡所有相，皆是虛妄。若見諸相非相，即見如來」的說法，能夠註解，真的般若智慧才出來，這是非常難的事。一般人信仰宗教，都是注重在形式上，而且多半以有所求的心，求無所得的果。尤其我們看到廟子上拜拜的人潮，以前是十塊錢啦！現在充其量是一百塊錢，買一大堆香蕉、餅，一大把香，燒了以後又拜，拜了以後又磕頭，然後求神明保佑丈夫好、身體好、愛國獎券又中，生意發財，樣樣都好，然後還把香蕉帶回去慢慢吃。你們看！出這麼一點點本錢，那個要求多大啊！我如果是佛是神，是不會理這一套的。哼！你這個人自己都成問題嘛！花一點點本錢，要求一切都圓滿，達不到目的，還要講這個菩薩不靈，這個菩薩好當嗎？就像古人的一首詩，講這個天氣，很難辦：

做天難做四月天　蠶要溫和麥要寒
出門望晴農望雨　採桑娘子望陰天

你說老天爺究竟該怎麼辦？人同天一樣更難，菩薩更是難上加難。兩家人打官司，兩邊人都燒香要幫忙，保佑自己打贏，你說這菩薩究竟幫哪一邊好呢？你說菩薩是看誰的香蕉多一點，豬頭大一點來決定嗎？所以啊！這些都是宗教儀式，從心理學立場來研究，這是很滑稽的。我們經常聽人家講宗教儀式的，也只好寫四個字來形容，就是不可理喻！不可理喻！簡直不可理喻！嘴裡沒有辦法講出來，只好說對對對，你說的差不多啦！是那個樣子，慢慢來吧！將來再說吧！那個將來再說，也許是三大劫以後才再跟你講呢！就是說你現在聽不懂，只好三大劫以後再說吧！

現在佛說這個真理，是非常平凡而難相信的，他說後世有人對於平常的道理就是大道，信得過的要有大福報才行。這個福報不是世間的洪福啊！所謂「能生信心」，可不是迷信，是理性上的正信。「以此為實」，認為這個是實在的真理。佛說你要曉得，將來世界上這樣的一個人，他不止是跟過一個佛兩個佛三個佛四個佛五個佛而種的善根；這樣的人，他也不是一生一世修智慧來的！他已於「無量千萬佛所」，不知道經過多少世，都在這些有成就人前面學習過。「種諸善根」，他已經做了無量的好事，種了這樣大的善根，才生出這樣大的智慧。

淨信和無所住

聞是章句。乃至一念生淨信者。須菩提。如來悉知悉見。是諸眾生。得如是無量福德。

這樣的人，聽了我剛才所說的「凡所有相，皆是虛妄，若見諸相非相，即見如來」的這個觀念，他信得過，甚至於一念之間生出來淨信。

這個要特別注意！淨信很難啊！它不是正信，而是淨信，乾淨、空靈，什麼妄念都沒有，心境清淨到極點，心地上的淨土，能夠生出淨信。假使有這樣一個人，一個生淨信的人，他已經是悟道了，已經到達真正無所住了，到達一念不生全體現了。《金剛經》開始叫你無所住，無所住就是一念不生全體現，這個才是淨信。淨信是要證得的，不是理論上了解。

佛說須菩提啊！我統統知道，我也親眼看見過這一種人，當下已經得到無上的福德。拿現在的觀念來說，真正得救了，得到大福報，大功德了。佛說的只是這一句話，但是我們曉得，證得這個真理極難，達到這個智慧成就更難。

何以故。是諸眾生。無復我相人相眾生相壽者相。無法相。亦無非法相。

一個人到達了一念淨信，知道凡是有現象的都不是，而是一切無相，連無相也無。能夠這樣悟道的人，就得大福報。為什麼？因為此人現生已經到達了佛境界，他就是肉身佛了。為什麼說他到達佛境界呢？因為這個人已經到達無人相，無我相，真正淨信了。一念放下，當然無我相，也無人相，無眾生相，無壽者相。

這個四相是非常嚴重的啊！人生一切的痛苦煩惱，都是這四相來的。從心理學上來講，四相是四個觀念，也就是人類普遍的四種現象。每個人的我相都很重，尤其是知識分子，「我」的意見非常重。知識分子什麼都可以忍讓，假使碰到一個有學問有修養的人，你對他說讓開一點我坐好不好？他看看你，哼！這個蠢東西，好吧！看你可憐，讓你坐。這就是我相，因為「我」看你可憐，讓給你了；因為看到你不懂，懶得跟你講。所以知識分子的那個我見啊，當然就像我現在一樣，是很厲害的。

人，處處落在我相，我相能夠去掉就差不多了。我相去掉了，當然無相，一切平等，看一切眾生皆是佛，看天下的男女都是父母，看天下的子女都是自己的子女。能夠做到這樣，就是因為無我相，無人相，自然就做到無眾生相，平等；也無所謂壽者相，活得長，活得短是一樣。所以生死看得很通，壽夭同視，生死一條，這是莊子的觀念，生與死是一個道理，同早晨晚上是一樣，到了晚上啊，就要休息休息，不需要覺時戀夢夢戀醒的。「相」，在外境界是現象，在心理上是觀念，主觀的觀念。

下面兩個更重要，「無法相」，一切佛法及什麼叫佛法，都把它放下了，凡所有相，皆是虛妄，一切不著相，統統放下，這個是無法相。但是你要認為什麼都不是，一切都不是，佛也不是，不是的也不是，你又落在「是」上。什麼「是」？「非法相」，一切都否定，對不住，你又錯了，你又落在一個「對」上，這個對就是「無非法相」。換句話說，一切都不是，一切也是。

有人研究認為，《金剛經》是絕對講空的，錯了，無法相，亦無非法相。換言之，認為一切皆空也錯了，因為一切有也是它變的。所以，《楞嚴經》中佛說了兩句名言，「離一切相，即一切法」。離一切相，也就是「無法相」的註解；即一切法，也就是「亦無非法相」這句話的註解。離一切相，即一切法，一切離也離。所以《金剛經》並不是講空，它只是說在見道的時候，見法身的時候，是「凡所有相，皆是虛妄」。當我們起而行之，修行的時候，孜孜為善，念念為善，是不可以空的。

禪宗大澈大悟的大師們，解釋學佛人基本的道理說：「實際理地，不著一塵。萬行門中，不捨一法。」實際理地不著一塵是講本體；萬行門中，起而行之，在行為上是不能空的，念念都是有，諸惡莫作，眾善奉行，所以萬行門中不捨一法，樣樣都是有，不是空。這個道理，我們學佛的首先要清楚。下面再說第三重理由，它整篇裡頭，正面、反面，反覆說明，最後綜合起來產生一個結論。

何以故。是諸眾生。若心取相。即為著我人眾生壽者。若取法相。即著我人眾生壽者。

他說，什麼理由呢？假使一個人，心裡的觀念著相來學佛，譬如今天非來燒香，非來拜拜不可，就是著相。我們當學生的時候，正是破除迷信，推翻舊文化的時代，上廟子很想拜菩薩，實在不好意思，怕人笑我迷信。看看四顧無人的時候，趕快跪下去拜一下，立刻站起來表示我是不迷信的。有一次被和尚看到了，他趕快把磬「咚」的一敲，把我嚇壞了，怕被同學們看見笑我迷信。後來我就問這個和尚，為什麼你要敲這個大磬呢？他說年輕人不知道，「燒香不敲磬，菩薩不相信，拜佛不放炮，菩薩不知道。」聽得真是啼笑皆非，這也算是一本經。實際上啊！杭州的廟子又多，這樣一拜佛，他敲一聲磬，口袋裡的錢就要跳出來了，非要給一塊不可；香油錢總要拿呀，所以他這個燒香不敲磬，菩薩不相信是有道理的。

拜佛為什麼要放炮？好像菩薩耳朵聾，要把他吵醒才知道有人拜他。這個就是著相，一切眾生心理上的信佛，都是太著相，就是著我相、人相、眾生相、壽者相。著相就不是佛法。有些宗教罵其他的宗教拜偶像，迷信，那麼他的正信又是什麼？他說不拜偶像，事實上還是要拜的，這就是著相了，就是取法相，還是一樣落在一個不是正信的觀念上。

何以故。若取非法相。即著我人眾生壽者。是故。不應取法。不應取非法。

這四段的反覆說明，反正你講空也不對，不是佛法，執著有也不是佛法，非空非有也不對，即空即有也不是佛法。這很難辦了，所以真正佛法是能斷金剛般若波羅蜜，要想悟道，是在這個地方，是要真智慧。

真 非真

佛又很坦然告訴我們這是什麼道理，「是故，不應取法，不應取非法」。真正學佛不應該著相，也不應該不著相。這真是很難辦，這裡我講兩個故事，雖是笑話，但是其中有真理。

話說孔子絕糧於陳，學生就向老師建議，向對面那個有錢人借一點米來吃吧！孔子心裡很難受，好嘛！你們堅持要這樣，你們去借吧！誰去呀？子路向來是最衝動的人，子路就去了。敲開門，那個人問，你是對面那一批落難的人嗎？你既然是孔子的學生，一定認得中國字，我寫個字給你認，認對了，不要借，送米給你們吃；不認得，就不借，有錢也不賣。他寫了一個真假的「真」字，子路說，這個字你還拿來考我，這是「真」嘛！這個人把門一關說，你不認得，不借。子路吃了閉門羹，回去告訴老師，孔子說：我們到這一步，飯都吃不上的時候，你還認「真」做什麼！不應該認「真」了。這一句話講完，子貢說：老師呀！我去借。子貢當然比子路高明得多，又去敲門，老頭子出來又是寫這個「真」字。子貢想到剛才子路為了認真吃癟了，他就說這個是「假」字，老頭子更生氣，碰！把門一關。子貢跑回來跟孔子一報告，孔子說：哎呀！有時候還是要認「真」的啊！所以這個人很難做，認真不認真之間，很難拿準火候；所以「不應取法，不應取非法」，就是這個道理，這是講作人的行為。

第二個是禪宗裡頭的故事，有兩個禪師是師兄弟，都是開悟了的人，一起行腳。從前的出家人肩上揹著一個鏟子，和尚們揹著這個方便鏟上路，第一準備隨時種植生產，帶一塊洋芋，有泥巴的地方，把洋芋切四塊埋下去，不久洋芋長出來，可以吃飯，不要化緣了。第二個用處是，路上看到死東西就把它埋掉。這兩師兄弟路上忽然看到一個死人，一個和尚唸著阿彌陀佛阿彌陀佛，就挖土把他埋掉；另一個卻揚長而去，看都不看。

有人去問他們的師父：你兩個徒弟都開悟了的，我在路上看到他們，兩個人表現是兩樣，究竟哪個對呢？師父說：埋他的是慈悲，不埋的是解脫。因為人死了最後都是變泥巴的，擺在上面變泥巴，擺在下面變泥巴，都是一樣，所以說，埋的是慈悲，不埋的是解脫。

我們通過這兩個故事的道理，了解《金剛經》告訴我們的話，「應無所住」，「不應取法」。不應該抓住一個佛法去修，落在某一點上，就先著了相，就錯了。你說，我什麼都不抓，所以我是真正學佛法，你更錯了，有時候也要認真，所以，「不應取非法」。

何處是岸

以是義故。如來常說。汝等比丘。知我說法。如筏喻者。法尚應捨。何況非法。

這一段非常重要，佛吩咐弟子們，「以是義故」，由這個平常教你們的道理，「汝等比丘」，你們這些出家跟我的一千二百五十人，「知我說法，如筏喻者」，我的說法像過河的船一樣。筏就是木頭綑起來過河用的木排，你既然過了河就上岸嘛！過了河還把船揹著走嗎？沒有這樣笨的人。佛說：我的說法，都是方便，都是過河用的船，你既然上了岸，就不需要船了，所以我所說法，「如筏喻者」，這是個比方。「法尚應捨」，一切真正的佛法到了最後，像過了河的船，都要丟掉。「何況非法」，何況一切不是法的呢！正法，如果最後捨不乾淨，還是不能成道的，何況非正法，更不能著相了。這裡佛講得非常徹底。

佛法傳到中國，常說苦海無邊，回頭是岸。岸在哪裡呢？不需要回頭啊！現在就是岸，一切當下放下，岸就在這裡。

禪宗有個公案，有一個龍湖普聞禪師，普聞是他的名字，他是唐朝僖宗的太子，看破了人生，出了家到石霜慶諸禪師那裡問佛法。他說，師父啊！你告訴我一個簡單的方法，怎麼能夠悟道？這個師父說：好啊！他就立刻跪了下來：師父啊！你趕快告訴我。師父用手指一下廟子前面的山，那叫案山。依看風水的說法，前面有個很好的案山，風水就對了；像坐在辦公椅子上，前面桌子很好，就是案山好。他這個廟子，前面有個案山非常好。案山也有許多種，有的案山像筆架，是筆架山，這個家裡一定出文人的；有些是箱子一樣，一定發財的。石霜禪師說：等前面案山點頭的時候，再向你講。他聽了這一句話當時開悟了。換句話說，你等前面那個山點頭了，我會告訴你佛法，這是什麼意思？「才說點頭頭已點，案山自有點頭時」。說一聲回頭是岸，不必回頭，岸就在這裡，等你回頭已經不是岸了。

有些禪師說：放下屠刀，立地成佛。就有同學問我，我說不錯啊！可是不是你啊！你們連刀子都不敢拿，拿起來怕割破了手。拿屠刀的人是玩真的，真有殺人的本事，有大魔王的本事，是一個大壞蛋，但他一念向善，放下屠刀，當然立地成佛！你們手裡連刀子都沒有，放下個什麼啊！所以我們了解了這個，就應該懂得《金剛經》告訴我們，「法尚應捨，何況非法」的道理。

也許有人會說《金剛經》一切講空，既然空了，什麼壞事都可以做了。那可不然！善事都不可著相，何況壞事，壞事更不可以做了。下面是我當時所作有關這一品的偈子：

第六品偈頌

金雞夜半作雷鳴　好夢驚回暗猶明
悟到死生如旦暮　信知萬象一毛輕

「金雞夜半作雷鳴」，這一品佛告訴我們了生死的道理，這一句就是說，像我們睡覺一樣，一切眾生都在睡夢中，半夜聽到雞叫，把我們叫醒了。人生開悟的時候就是這樣，覺得自己從迷夢中清醒了。雖然在半夜三更迷夢中，卻被雞叫醒了，諸佛菩薩說法等於雞叫一樣，把我們叫醒了。

「好夢驚回暗猶明」，你不要以為自己悟了，你如果有個悟的境界，你還是大混沌一個。真正悟了的人，連悟的境界都不會存在，有一個悟的境界，你已經著法相了。所以說好夢驚回暗猶明。

「悟到死生如旦暮」，真正的了解了、悟了，悟到死生如旦暮，人出生等於天亮了，睡醒了是活著，死了呢？夜裡到了，應該去睡覺了。死生一條，沒有什麼了不起。所以中國文化素來就講，「生者寄也，死者歸也」，能夠悟到死生如旦暮，你才能夠得到正信，真正相信了。相信了什麼？

「信知萬象一毛輕」，宇宙萬有在莊子的觀念中是，「天地一指，萬物一馬」。這個天地就是這一指，整個宇宙萬有也就是這一指，就是這麼一點，萬象萬物就是這麼一馬，整個的宇宙萬有像一匹馬一樣，有馬頭，有馬尾，有馬毛，所以說宇宙萬有輕如鴻毛。現在我們了解了這個道理，如果我們真懂了這一品，就懂了「法尚應捨，何況非法」。換句話說，學佛的人都想了生死，怎麼樣是真正的了生死呢？我告訴諸位一句話：本無生死之可了，那才能夠了生死。

第七品　無得無說分

須菩提。於意云何。如來得阿耨多羅三藐三菩提耶。如來有所說法耶。須菩提言。如我解佛所說義。無有定法。名阿耨多羅三藐三菩提。亦無有定法。如來可說。何以故。如來所說法。皆不可取。不可說。非法非非法。所以者何。一切賢聖。皆以無為法。而有差別。

得什麼　說什麼

須菩提。於意云何。如來得阿耨多羅三藐三菩提耶。如來有所說法耶。

講到這裡，佛又問須菩提，你的意思怎麼樣？你認為我，一個成佛的人，得了無上正等正覺嗎？阿耨多羅三藐三菩提，用中文來講是大澈大悟，你認為成佛得道，真正得到一個東西嗎？這是第一個問題。「如來有所說法耶」，你認為我平常在講經說法嗎？反問須菩提兩個問題。

須菩提言。如我解佛所說義。無有定法。名阿耨多羅三藐三菩提。亦無有定法。如來可說。

須菩提回答說：佛啊！很抱歉，假使根據我學佛所了解的道理，沒有一個定法叫作佛法。你們注意啊！「無有定法，名阿耨多羅三藐三菩提」。認為唸佛才是佛法，你錯了；認為參禪才是佛法，你又錯了；認為唸咒子才是佛法，你更錯了；認為拜佛才是佛法，你更加錯了。

什麼叫作定法？佛說法等於一個大教育家的教育方法，不是呆板的方法，所謂因材施教，有時候罵人是教育，有時候獎勵人也是教育，恭維你是教育，給你難堪也是教育。反正教育法的道理，是刺激你一下，使你自己的智慧之門打開就對了，所以說「無有定法」。須菩提說：據我所想，開悟，大澈大悟，沒有一個定法叫作阿耨多羅三藐三菩提，如果說有一個一定的方法成佛，有個「悟」字的話，那佛法就是在騙人了。「應無所住而生其心」，哪裡有定法呢？

第二個問題，須菩提的回答：「亦無有定法，如來可說」。佛的三藏十二部，《金剛經》這樣講法，《圓覺經》那樣講法，《法華經》又是一套說法，《楞嚴經》又是它的一套。等於有人說，你們學佛的嘴巴好厲害啊！下雨出門，說是慈雲法雨，運氣好；太陽出來，說慧日當空，也是好；不晴不雨呢？說慈雲普覆，反正都對。

這叫什麼？這叫「無有定法，如來可說」。佛法在哪裡？不一定在佛經上啊！世間法皆是佛法，《金剛經》下面會告訴你。所以大家不要把學佛的精神與現實人生分開，因為本來無所謂出世，也無所謂入世。記得當年有老前輩問我：依你這個程度，為什麼不出家呢？我說，你要搞清楚，我從來也沒有入過家。世界上哪有個出？哪有個入啊？不出也不入嘛！那些都是外形，都是相。

何以故。如來所說法。皆不可取。不可說。非法非非法。

大家特別注意，如來所說法，你也不可抓住！你聽了他老人家的話，認為這樣就對，那你就上了你自己的當了。不可取，不可說，說的都是第二義，都是投影，真正那個東西說不出來的。譬如你去吃了一道好菜，回來告訴我怎麼怎麼好，好了半天，我也覺得那真好吃，我還是沒有吃到。他說得那麼好，百分之百的形容出來，還是第二個月亮，不是當時的好吃味道，對不對？佛法也是這樣，說得出來的，表達得出來的，已經不是它了。所以如來說法皆不可取，不可說。「非法」，沒有一個固定的說法；「非非法」，也不是沒有固定說法。

程度的差別

所以者何。一切賢聖。皆以無為法。而有差別。

「所以者何」，什麼理由呢？「一切賢聖，皆以無為法而有差別」，佛法是這樣的偉大！這是佛法的精神，它不像其他的宗教，否定自己以外的宗教，佛法是承認一切的宗教，一切的大師，乃至到了華嚴境界，連一切的魔王邪王都對了一點。只要你教人做好事，這一點終歸是對的。所以一切賢聖，羅漢也好，菩薩也好，你也好，他也好，對於道的了解，只是程度上的差別而已。

耶穌的道，佛的道，穆罕默德的道，孔子的道，老子的道，哪個才是道？哪個道大一點，哪個道小一點呀？真理只有一個，不過呢，佛經有個比方，如眾盲摸象，各執一端。瞎子來摸象，摸到了那個象耳朵，認為象就是圓圓的；摸到尾巴的時候，象就是長長的。所以一般講眾盲摸象，各執一端，都是個人主觀的認識，以為這個是道，那個不是道。

學佛的人不應該犯這個錯誤，因為是無有定法可說，所以真正的佛法能包含一切，「一切賢聖，皆以無為法而有差別」。真理只有一個，沒有兩個，不過認識一點真理的人，認為只有這一點才是對的，其它都是錯的。其實是他錯了，因為真正到達了佛境界是包容萬象，也否定了萬象，也建立了萬象，這是佛境界。

入世出世平等

上一次我們講到第七品，我們現在再討論其中的重點。佛提出來，成了佛悟了道，也無所謂悟。假使有一個無上大道的境界，有一個無上大道的觀念，悟了道，存在心中，這已經不算道了，這是首先要了解的。再其次，說到佛的說法，「無有定法，如來可說」，沒有一個固定的方法。後世佛教裡有顯教，有密宗，及其他各宗各派的說法，執著了任何一種認為是真正的佛法，都是不對的，因為「無有定法，如來可說」。

《法華經》上也說：「一切世間法，皆是佛法」，世間的一切皆是佛法。《法華經》上又講「一切治生產業，皆與實相不相違背」，並不一定說脫離人世間，脫離家庭，跑到深山冷廟裡專修，才是佛法。治生產業就是大家謀生，或做生意等，各種生活的方式，皆與實相不相違背，同那個基本的形而上道，並沒有違背，並沒有兩樣。這是《法華經》上的要點、名言。所以《法華經》成為佛法的一乘法門，入世法、出世法，平等平等，它所成就的是一樣的。至於說成就的過程當中，修持方面有難易的不同而已。這也就是「無有定法，如來可說」的重點。

佛引伸這個觀念再說：「如來所說法，皆不可取，不可說。」等於佛自己把平生四十九年說法，作了一個否定。實際上，他不是否定，而是一個肯定。他所講的各種法、各種道理，不能執著，執著了他任何一句話，就不對了，所以說不可取，不可說。這像是我們現在來解釋《金剛經》，已經犯了佛這個基本大戒，就是不可取不可說。此事自己會之於心就對了，佛所說法，如果認為有個法可得，有法可取，那就錯了；如果認為佛說法都是空的，無法可取，更錯了，所以說「非法」，也「非非法」。

這並不是說非法就是對的，不執著就是對的，如果你說你這個人什麼都不執著，你已經執著了，執著了一個不執著，所以「非法非非法」。

聖賢之別

上次我們最後一分鐘講的：「一切賢聖，皆以無為法而有差別」。我們中文的習慣，經常把賢聖兩個字倒過來，賢聖是講什麼呢？中國文化無形中有個差別，修養、學識、道德到了最高處，稱為聖人。差一點的，還在修行的路上則稱賢。佛法分得更清楚，所謂三賢十聖，修大乘菩薩道有十地，十個層次，叫作十聖，十地菩薩上面是佛。初地之前的修養，還有三十個層次，所謂十住、十行、十迴向。修養到那個程度，沒有到達十地的果位，仍屬於三賢。

十聖呢？譬如說，觀音、文殊、普賢、地藏等等，這些大菩薩們，才是在聖果位。這些都是分類法，是後世對修行的解釋。廣義的來舉例說明「一切賢聖，皆以無為法而有差別」，譬如我們現在講一句話，教書及當學生久了的人，都有這個經驗，在課堂上講一句話，下面一百個聽的人感受的程度都不同，理解的也不同。甚至有許多話，筆記記下來，觀念都是灰色的，變樣很多。這就是說，人的智慧和理解，各有不同。也因此才有各種宗教，各種層次智慧的差別不同。

現在講第七品我的偈子：

第七品偈頌

巢空鳥跡水波紋　偶爾成章似錦雲

得失往來都不是　有無俱遣息紛紛

這也是以中國禪宗的方式，來解釋《金剛經》這一品，並作了一個結論。

「巢空鳥跡水波紋」，佛經上有這麼一個譬喻，說有一種鳥叫作巢空鳥，牠不棲在樹上，牠的窩在虛空中，在虛空中生蛋，在虛空中孵小鳥，歸宿也在虛空中。這個鳥永遠捉不住，來去無蹤，所以叫巢空鳥。本來鳥在虛空中飛，飛來飛去不留痕跡的，就是上一次我們引用蘇東坡的詩：「應似飛鴻踏雪泥」。所以巢空的鳥，在空中永遠不留爪跡的。水上的波紋劃過了，也沒有了。水波紋是你看到的，不能說沒有東西，但是它過後就沒有了。所以這些都是：「偶爾成章似錦雲」，都是偶爾構成了文章，或一幅美麗的圖畫。

禪宗祖師還有一句話：「如蟲禦木，偶爾成文」。有一隻蛀蟲咬樹的皮，忽然咬的形狀構成了花紋，使人覺得好像是鬼神在這棵樹上畫了一個符咒。其實那都是偶然撞到的，「偶爾成章似錦雲」，有時候也蠻好看的。這就說明一切聖賢說法，以及佛的說法都是對機說法，這些都是偶爾成文，過後一切不留。

了解了這個道理，再從龍樹菩薩，般若觀念，《金剛經》的道理，就曉得：「得失往來都不是」，今天有一個境界，看到光啦！看到菩薩啦！或者做個什麼好夢啦！夢中菩薩的指示還說了好幾天，說得高興的不得了。有時候又被夢嚇死了，要曉得一切都是偶然，緣起性空，因緣所生，本來都是沒有的。

「有無俱遣息紛紛」，所以一切都放下，能夠放下，則同佛法有點相近了。但是一切放下，不是空啊！不是沒有啊！只說一切放下而已。

由第一品到第七品，差不多是一個問題連下來，就是須菩提問，學佛的人，怎麼樣使自己的心寧靜下來，心中許多的感情、思想、煩惱，怎麼樣降伏得下去？佛就答覆他，就是這樣住，就是這樣降伏他的心。後來，佛看須菩提不懂，佛又說了一句話：「應無所住」。叫我們「善護念」。

到這裡為止，佛並沒有說「應無所住，而生其心」，只是說「應無所住」，一切無所住。因此佛法也無所住，也無定法可說。如果說佛法就是般若，就是《金剛經》，或《阿彌陀經》，就錯了，因為你就住在那裡了，都是有所住。佛只講到應無所住，不可住，不可說。所以對各種差別的法門，也不必有所住，只要你心有所住，有所罣礙，都不是佛法。一個大問題到這裡為止。

第八品　依法出生分

須菩提。於意云何。若人滿三千大千世界七寶。以用布施。是人所得福德。寧為多不。須菩提言。甚多。世尊。何以故。是福德。即非福德性。是故如來說福德多。若復有人。於此經中受持。乃至四句偈等。為他人說。其福勝彼。何以故。須菩提。一切諸佛。及諸佛阿耨多羅三藐三菩提法。皆從此經出。須菩提。所謂佛法者。即非佛法。

須菩提。於意云何。若人滿三千大千世界七寶。以用布施。是人所得福德。寧為多不。須菩提言。甚多。世尊。何以故。是福德。即非福德性。是故如來說福德多。

這是佛自動提出來問須菩提的問題，你的意思怎麼樣？假使有一個人，拿他充滿三千大千世界那麼多的七寶財富，金、銀、硨磲、瑪瑙等等，統統布施出來，分散給人家，你說這個人的福德多不多？須菩提說，甚多，世尊，這個福報太大了。

我們一般人布施人家一百塊錢，就想得好的福報，買了幾根香蕉，去燒幾支香拜拜，還想求到些東西，現在這個人拿三千大千世界的七寶布施，比那些什麼香蕉呀，豬頭啊，多太多了，當然得的福報很多。佛就說：「何以故」，什麼理由？「是福德，即非福德性，是故如來說福德多。」他說：你要曉得啊！我們講人要有福報，福報的本身無自性，也可以講它無定性。

譬如說，今天忽然冷了，一個人只穿一件汗衫出門，剛好碰到你，你怕他受涼，就把毛衣、外套脫了給他穿上。這個人真有福氣，碰到了你。如果今天是大熱天，你再給他穿上毛衣外套呢？他非打死你不可。所以，所謂福報，在某個時候是福報，在另一個時候是痛苦，因為這個福報的本身是無定性的。而且任何的福德、福報，只有一個時期，福氣享受過了那段時期，也是空，因為本身無自性。

所謂無自性，就是說不是固定的，也不是永遠存在的。佛說的這個德是福德，即非福德性。換句話說，佛有一句秘密的話沒有講出來，那就是，真正的福報是悟道，是大智慧的成就，是超脫了現實世界而得的大成就，這個成就不是世間一切福報能夠辦得到的。所以如來說福德多，就是佛告訴你的，這樣布施的結果，福德非常的多。實際上，佛說的福德多，是教育上的一個鼓勵。

若復有人。於此經中受持。乃至四句偈等。為他人說。其福勝彼。

佛強調智慧的重要，教化的重要，教育的重要。前面講到，一個人拿一佛世界的七寶布施，這個人福報是很大。但是，假使有一個人，對《金剛經》或者四句偈有些了解了，再勸導人家，解脫了人家的煩惱，這個人的福報，比布施三千大千世界七寶的福報，還要來得大。

一切佛與《金剛經》

何以故。須菩提。一切諸佛。及諸佛阿耨多羅三藐三菩提法。皆從此經出。

什麼理由呢？他說我告訴你，一切諸佛，過去、現在、未來，一切成就的人，及要想智慧成就大澈大悟的諸佛，及一切佛的智慧，都是從這個經裡出來的。像這一世的釋迦牟尼佛一樣，就是在這個劫數裡頭；這一劫叫作賢劫，這個賢劫共有一千佛出世，釋迦牟尼佛是第四位。將來第五位彌勒佛，當然還早囉！以後一直下去，有一千個佛要來。這一個佛劫裡頭，是聖賢最多的劫數。當然不能拿地球形成、冰河時期的觀念來看，這是一個宇宙觀，這個劫數的時間非常長，接近無量數的時間。

佛說一切成佛的，大澈大悟的，像釋迦牟尼佛一樣悟道的，這個悟，是阿耨多羅三藐三菩提，是最後的大澈大悟，都是從《金剛經》這個裡面出來的；從般若，自己真正智慧裡頭透出來的。《金剛經》所講的，是智慧透出來以後的一個報告而已；真正的佛法，都是從自我的智慧裡透露出來的。因此，也可以拿《金剛經》作代表，一切佛同佛的智慧，都從《金剛經》裡來。

佛法非佛法

須菩提。所謂佛法者。即非佛法。

你看《金剛經》的翻譯，真不曉得佛說些什麼！他上面講得那麼好，多大的福報，大的不得了，但是福報還不如佛法了不起。最後佛法又被他否定了，他說，「所謂佛法者，即非佛法」。

什麼叫作佛法？悟道。悟道沒有一個東西，這裡說的沒有一個東西不是斷見，沒有就是沒有。換句話說，如果，成了佛的人告訴你，他是現在的佛，你儘管打他，這是個妖怪，不是佛。佛是無法可得，住在無相中。因為，真是大成就的人，絕對的謙和，謙和到非常平實，什麼都沒有。真正的佛不認為自己是佛，真正的聖人，不認為自己是聖人，所以真正的佛法即非佛法。如果你有一個佛法的觀念存在，你已經著相了，說得好聽是著相了，不好聽是著魔了。

這就是《金剛經》的特點，所謂《大般若經》，智慧高到極點，一點痕跡不留，講過以後，馬上推翻。等於一個教育家，教育了許多人都成功了，要是他覺得自己的確是今天的大老師，他已經完了，他已經是師老了。所以一個真正了不起的人，自己心中是沒有這個觀念的，他認為度一切眾生，教化一切眾生，都是作人應該做的事情而已，做完了就過去了，心中不留。

《金剛經》這種句法，後世許多儒家不了解，像清朝的大儒顧亭林，在《日知錄》上就講，叫一般學生不要看佛經，佛經沒有什麼好看的，這個東西就是兩個桶，一個桶是有水的，一個是空桶，一下倒過來，一下倒過去，倒來倒去就是這麼一桶水。他認為「所謂佛法者，即非佛法」，倒來倒去，等於沒有說嘛！

第八品的要點，說明佛法的重要，真正的大福德是智慧的成就，「依法出生」，是依佛法而生出一切賢聖悟道的道理。說到了這裡，又引出後面一章的大問題。現在我們先給它來個結論：

第八品偈頌

錦繡乾坤似弈棋　人天福德枉成癡
原來佛法無多子　脫縛離黏說向誰

「錦繡乾坤似弈棋」，人世間最有福氣的是當皇帝，我想每一個人都想過一下這個癮。古代的皇帝多有福氣，但是我們讀了歷史以後，知道世界上最痛苦的是當皇帝。康熙皇帝自己就說過這個話，自己感覺到痛苦極了。從歷史看來，中國有多少個皇帝？叫年輕人背一背名字，連二十個也說不出來！叫什麼名字都不知道，只曉得叫皇帝而已。這個錦繡乾坤江山，從歷史上看來，像下棋一樣，一下輸了，一下贏了，統統過去了。

「人天福德枉成癡」，梁武帝問達摩祖師，他修廟、齋僧那麼多，將來福報怎麼樣？達摩祖師就笑他：「此乃人天小果，有漏之因。」他罵這個梁武帝，你這點算什麼了不起，人天小果，你死後不過升天而已，天人享福完了，照樣會墮落。人天小果，有漏之因，就是有限度的福報，不是無漏之果，無漏是永遠沒有缺點。所以說，人做了好事，他生來世做帝王將相，升官發財，功名富貴，世間的福報很好，但是智慧喪失了。

禪宗有一個故事，有一位大師，叫溈山禪師，是禪宗五家宗派裡的一位開山祖師，溈山仰山是佛教溈仰宗。溈山禪師三世為皇帝，幾乎喪失了神通，失掉了智慧，迷糊了，所以他不幹了。這個神通不是說千里眼，或者會飛之類，而是智慧。智慧是大神通，他幾乎喪失了這個悟道的智慧，如果學佛為了求福報而學，求來生怎麼樣而學，不錯，是有這個事，但不是徹底的，所以說人天福德枉成癡。

「原來佛法無多子」，這是禪宗的話，臨濟禪師悟道以後說：原來佛法是這個樣子，無多子。實際上這三個字，是當時的土話；用現在話來講，無多子就是這麼一點點東西，沒有什麼多的。

「脫縛離黏說向誰」，佛法的目的是什麼呢？我們被人世間一切的煩惱感情綑縛著，要解脫三界的情慾、煩惱、妄想，脫開了一切的黏縛，回到自己本來的面目，這就是佛法的究竟。所以佛法講了半天，三藏十二部，都是為了這個，要把那些黏著的、綑著的，都徹底解脫了，這就是佛法的精要。

第九品　一相無相分

須菩提。於意云何。須陀洹。能作是念。我得須陀洹果不。須菩提言。不也。世尊。何以故。須陀洹。名為入流。而無所入。不入色聲香味觸法。是名須陀洹。須菩提。於意云何。斯陀含能作是念。我得斯陀含果不。須菩提言。不也。世尊。何以故。斯陀含。名一往來。而實無往來。是名斯陀含。須菩提。於意云何。阿那含能作是念。我得阿那含果不。須菩提言。不也。世尊。何以故。阿那含。名為不來。而實無不來。是故名阿那含。須菩提。於意云何。阿羅漢能作是念。我得阿羅漢道不。須菩提言。不也。世尊。何以故。實無有法。名阿羅漢。世尊。若阿羅漢作是念。我得阿羅漢道。即為著我人眾生壽者。世尊。佛說我得無諍三昧。人中最為第一。是第一離欲阿羅漢。世尊。我不作是念。我是離欲阿羅漢。世尊。我若作是念。我得阿羅漢道。世尊。則不說須菩提。是樂阿蘭那行者。以須菩提實無所行。而名須菩提。是樂阿蘭那行。

見思惑

在我們開始講第九品之前，先來解決幾個問題。

我們都曉得佛學分成大乘小乘，嚴格的講，小乘裡頭又分兩個：一個是小乘，另一個比小乘高一點，普通我們叫它中乘。小乘又叫聲聞，比聲聞高一點叫獨覺，也叫緣覺。像阿難、須菩提等，在佛的弟子裡只能算是聲聞，再高一點就是獨覺佛，獨覺佛又叫作辟支佛，辟支是梵音。獨覺就算生在沒有佛沒有文化，甚至沒有佛教的世界，他自己也能開悟，雖不算大澈大悟，可是還是作一個了不起的超現實的聖人，這個屬於獨覺，也叫作緣覺，仍屬於小乘。

所謂小乘，目的是先求自了，先求跳出世界，避免入世。小乘又分四果羅漢，果是果位。初果羅漢叫須陀洹，二果羅漢叫斯陀含，這都是梵文譯音。三果羅漢叫阿那含，四果羅漢叫阿羅漢。羅漢不一定是出家人，無論在家出家，修行到一定的程度，都可以成羅漢。不過佛在世的時候，證得羅漢果的，出家人比較多。

如何能夠修到四果呢？必須能夠斷掉了見惑、思惑。

「見惑」有五個，是思想上，學問上，觀念上的問題，就是身見、邊見、見取見、邪見、戒禁取見。許多宗教家、哲學家、大學問家，都脫不了見惑的範圍，或者落在身見，或者落在邊見，思想學問愈高的人，這個五見愈厲害。邪見、戒禁取見，多數是屬於宗教信仰方面的，認為非這樣不可，初一十五非拜拜不可，否則就犯戒了。有些教一定要吃什麼東西才行，這些都屬於戒禁取見。見取見是說自己的心得修養，譬如有人打坐修行有了境界，或者見光了，認為這個光才是道，你沒有得到光就沒有道，這就落在見取見上，都是思想觀念的問題。

「思惑」也有五個，就是貪、瞋、癡、慢、疑，這也是人性，是一個人與生俱來的。什麼是貪？貪名、貪利、貪感情，放不下，貪這個世界上的一切，都是屬於貪。

我們舉一個佛門裡的例子來說明，有一位法師一輩子做好事、做功德，蓋廟子、講經說法，自己雖沒有打坐、修行，可是他功德太大。年紀大了，就看到兩個小鬼來捉他，那個鬼在閻王那裡拿了拘票，還帶個刑具手銬。這個法師說：我們打個商量好不好？我出家一輩子，只做了功德，沒有修持，你給我七天假，七天打坐修成功了，先度你們兩個，再度你們老闆，閻王我也去度他。那兩個小鬼被他說動，就答應了。這個法師以他平常的德行，一上座就萬念放下了，廟子也不修了，什麼也不幹了，三天以後，無我相，無人相，無眾生相，什麼都沒有，就是一片光明。這兩個小鬼第七天來了，看見一片光明卻找不到他了。完了，上當了！這兩個小鬼說：大和尚你總要慈悲呀！說話要有信用，你說要度我們兩個，不然我們回到地獄去要坐牢啊！法師入定了，沒有聽見，也不管。兩個小鬼就商量，怎麼辦呢？只見這個光裡還有一絲黑影。有辦法了！這個和尚還有一點不了道，還有一點烏的，那是不了之處。

因為這位和尚功德大，皇帝聘他為國師，送給他一個紫金鉢盂，和金縷袈裟。這個法師什麼都無所謂，但很喜歡這個紫金鉢盂，連打坐也端在手上，萬緣放下，只有鉢盂還拿著。兩個小鬼看出來了，他什麼都沒有了，只這一點貪還在。於是兩個小鬼就變老鼠，去咬這個鉢盂，卡啦卡啦一咬，和尚動念了，一動念光沒有了，就現出身來，他倆立刻把手銬銬上。和尚很奇怪，以為自己沒有得道，小鬼就說明經過，和尚聽了，把紫金鉢卡啦往地上一摔，好了！我跟你們一起見閻王去吧！這麼一下子，兩個小鬼也開悟了。就是這麼一個故事，說明除貪之難。

有一位朋友來談，他什麼都不要，現在住在山上，最喜歡他那個茅蓬，那個清風明月。我說：你真了不起，快要證道了，當心啊！還要被老鼠咬。貪一個茅蓬也是貪，真修行是修這個，不要以為打坐氣脈通了，眼睛放光，以為那個是道，那個不是的！道在心念！在這個「思」念裡頭，這個東西叫思惑，在思想觀念裡頭，這一點解不開是不行的。知識分子喜歡看書，照樣是這一念，貪戀於書也是貪，不要認為這個不是貪，沒有哪一點不是貪，貪是人性根本，範圍是非常非常廣泛的。

有人自認不貪，什麼都不要，年紀大了，功名富貴看通了。信不信？真來個功名富貴擺在他前面，他照樣的貪了。

誰不瞋　誰不癡慢疑

再說「瞋」，瞋心瞋念，大家以為自己都沒有，脾氣大當然是瞋念，恨人、殺人、怨天尤人，都是瞋，是非分明也是瞋。或者你說什麼都不會生氣，就是愛乾淨，看到不乾淨受不了，也是瞋，一念的瞋就是厭惡。你念佛啊！打坐啊！你念得再好，如果這個思惑，這個心理行為一點沒有轉變，免談學佛。這是真正的佛法啊！不管你是念佛的，參禪的，密宗的，隨便你什麼宗，你說天宗都沒有用，必須斷這個思惑。

「癡」就更不要說了，大家都癡，癡癡呆呆，每一個人都癡。我有兩個好朋友，交往二十多年，都跟我在一起學佛。我告訴他說你差不多了，兒女都出國得博士了，也都結婚了，不過麼，我對這位朋友太太講，將來生了孫子你又去忙了。她說不會不會，老師啊！那個時候一定完全跟你學佛了。結果呢！兩老在家裡沒有事，哎呀！把外孫從美國接過來玩玩吧！照樣癡起來。這還算很普通的，癡心有很多很多種，《紅樓夢》上林黛玉葬花，那個是癡到極點了，所以貪瞋癡，普通佛經上講三毒，就是使我們不能悟道，不能超凡入聖的三毒。

「慢」叫作我慢，就是自我的崇拜，自我的崇高。我們大家檢查一下，人最佩服的就是自己，每個人都佩服自己。至於阿Q精神，沒有辦法跟人家打，不要緊，自認還是老子。所以人最崇拜的就是自己，這個叫慢。

「疑」就更難了，佛學再研究下來，了解人性，人根本不會相信別人，因為有我，有我慢，所以人對一切真理都不信。譬如說，很多宗教徒，佛教的，基督教的，信什麼教都不管，他跪下去拜拜，菩薩你保佑我，上帝你保佑我，你說他相信了沒有？拜下去以後，心想，唉！不曉得靈不靈！都在疑。沒有一個會真正絕對信的人。所以貪、瞋、癡、慢、疑這五樣，是思惑，思想上根本障道，不能解脫。學佛是求解脫，能解脫一樣已經是了不起了，五樣都能解脫了，才能夠證到四果羅漢。

前面講到四果的證果，就是我們學佛的重點；學佛先不談大乘，大乘是以小乘為基礎的，小乘都做不到，大乘大不起來。

話說再來人

初果羅漢叫「須陀洹」，中文的意思是預流果，斷了五個見惑，但是，根本思惑還沒有解脫，因為餘習未斷，所以要七還人間。餘情是剩餘下來的情感，斷不了的，還是要七還人間才能了。如果七還人間時，不曉得再進修，還是會後退的。

修到了預流果的人，死後不到這個地球上來了，而昇天去了。在天上的一輩子，比我們地球上長得多，天上的生命結束了再來作人，這一種人稱為再來人。當然再來人不曉得是男人還是女人，是漂亮或不漂亮，是大富貴或者是窮苦，都不一定的，這個帳很難算，電腦也算不清。他們是來世間受報的，因為有些帳沒有還，要來還帳，七還人間，生了死，死了生。

所以，依我看來，社會上很多都是再來人，當然在座之中也許很多，不過自己不知道罷了。須陀洹再來人間，就是還債，自己也不知道。假使自己能夠知道，就已經不是初果羅漢了，一下就超過去了。

不來行嗎

到了二果「斯陀含」，是一還果了，思惑的根拔出來一點，死後再來一次世間，把所有的債務清了，可以到另外清淨的地方去，也只能算是暫時請假，還非究竟。

三果「阿那含」叫作不還果，不回到人世間來了，直接從天上證四果入涅槃。佛經上說，他們涅槃的時候有幾句話：「我生已盡，梵行已立，所作已辦，不受後有。」梵行已立，我生已盡，但不一定得道啊！可是已經建立得到天人清淨境界的修行了。所作已辦，欠債還錢，債務都沒有了。不受後有，不再來了。有些經典上用四個字形容，「長揖世間」，向人世間作個揖，大家再見，不再來了，這個叫不還果，是三果羅漢。有許多朋友學佛修道說人生好苦啊！想這一輩子修成功，不再來。有那麼容易嗎？不再來要修到三果羅漢才行，才能長揖世間。要到四果阿羅漢的果位，才算在這個世間成就。

「阿羅漢」是譯音，阿是無的意思，阿羅漢就是無生，永遠沒有煩惱，沒有魔障，心中之賊拔去了，此心永遠清淨光明，這是阿羅漢果。這四個羅漢果位，包括了三界的天人。

三界的天人

初果、二果羅漢死後不來，就暫時昇天去了，昇的不是色界天，而是欲界天。我們中國人講的三十三天，是欲界天的一個中心而已。這一層天的中心並沒有離開日月系統；所謂欲界是指生命由男女情愛結合而延續的。不但人是如此，任何的生物都是由兩性雌雄的關係而來，因為有愛有欲，所以稱為欲界。欲界裡的天人地位比我們高，譬如普通民間拜神拜仙啊，稱所拜的神、仙是菩薩，其實這些都是欲界天天神的境界。初果羅漢死後往生，是上不了色界天的，只是昇到欲界天而已；因為他只斷了一部分的情，而且這個情是壓下去的，欲的根未盡，所以仍在欲界天。

有些人的表現，可以看出來是天人中的人，他的情緒與一般人不一樣，他一無所好，或者只喜歡種種花啦！爬爬山啦！對人世間的一切很淡泊。他對人世間雖淡泊，但對於山水花鳥還留情，所以還是欲界，只是他已經昇華多了。

到了三果，才能夠昇到色界天，色界天的最高處「大自在天」，佛經中又叫「有頂天」，好像天頂有蓋一樣。佛經中說，假使從有頂天丟一塊石頭，要多少萬年才能到我們這個地方。換句話說，欲界天還在這個銀河系統，色界天已經超出銀河系統了。

再上層是無色界天，那就難爬了，大阿羅漢可以到。大阿羅漢之間差別很大，譬如須菩提、阿難、迦葉尊者，有時也稱大阿羅漢。嚴格講起來，釋迦牟尼佛也是大阿羅漢，不過，他這個大阿羅漢就大了，大到叫如來了，所以到達大阿羅漢的境界很難很難。我常鼓勵愛寫小說的青年同學們，可以寫一本三界中的婚姻故事，一定暢銷；譬如欲界人道小孩出生是從女性下生的，欲界天以上，有的是從男人肩膀上生，從坐膝邊上裂出來的，色界天人只有光色，無色界裡的天人，連形相都沒有了。

我們的老祖宗，不是吃了蘋果變的，不是什麼細菌變的，而是色界「光音天」的天人下來的。大概他們科學很發達，到太空來探險，他們一身有光，又不要吃東西，飛來飛去。可是有一次嚐了一下地味，大概是鹽巴，吃了以後身體變重了，飛不起來，所以就留下來了。這就是這個地球上人種的開始。光音天的人又是無色界下來的，至於無色界的人種從哪裡來，佛說不可說，那就要推到原人論去了。這些都是大問題，佛經裡頭這些問題多得很，現在我們不要扯遠了，回轉來只談我們現在作人的修養。一個人要把心中的貪瞋癡慢疑洗刷乾淨，要平等、慈悲，愛一切世人，設法除掉見思兩惑。

解結去惑

三界的見思兩惑叫作八十八結使，欲界裡最多，像八十八個疙瘩，結在一起。能夠修行解開一兩個，那已經不得了啦，臉上放光了；能夠解開四五個的話，連頭髮都會發亮呢！所以真正講修行，就是解開結使，轉變自己心理的行為。心理行為轉變了，進一步能夠把智慧開發，斷了思想上、見解上的偏見，才叫作解脫。學佛修行，不論大乘小乘，都是五個程序，戒、定、慧、解脫、解脫知見。

為什麼要持戒呢？那是要使自己心中的結使不再與外界連起來，不再打結了，不准外面打進來，自己也不想打出去。但是持戒就要定力，所以要修定，打坐不過是修定的一種方法而已！真正修定要隨時隨地都在定，心中凝住在一點，止於至善，固定在善的一點上。這時，八十八結使還沒有動搖，要到達智慧發起了，結使才開始有一點點動搖；等到解脫了幾個結使，才解脫了思惑。

知見又不同了，見是看到，看到慧，見到性空緣起真正空性的一面，性空緣起翻過來是緣起性空。所以說佛法各宗各派，認為只有修中觀才對，或修什麼才對的，對不起，你都困在五見裡的見取見了。主觀認為只有這個才對，你已經被它束縛住了。所以，要把這一切解脫了，才能叫作學佛。

花了好大的力氣，報告到這裡為止。現在我們回過來看《金剛經》，這一節就是講這個問題。

初果的羅漢

須菩提。於意云何。須陀洹。能作是念。我得須陀洹果不。須菩提言。不也。世尊。

佛又問須菩提，你的意思怎麼樣？「須陀洹能作是念」，一個修道的初果羅漢，心裡能不能有已經得須陀洹果的念頭？這個意思是一個悟道的人，能不能逢人便說他已經悟道了？如果真有人如此，大家不把他送瘋人院才怪。一個聖人，或有學問的人，處處掛個招牌，說自己是有學問的人，這不是瘋子嗎？中國人的老話：學問深時意氣平。學問到家的人，意氣都很平和了，何況果位上的羅漢！所以，須菩提聽了佛的問話，就說那不可能的。

何以故。須陀洹。名為入流。而無所入。不入色聲香味觸法。是名須陀洹。

「須陀洹」就是預流果，預流就是「入流」，入什麼流呢？入到聖人之流了，已經站到聖人隊伍裡去了；也可以說，他所悟的道已經入法性之流了。法性不是人性，人性是醜陋的一面，等於說，我們人性是這一面，法性是那一面，他已經由普通的縱慾、情感、愛欲解脫出來，進入清淨的法性一面了。

佛說，如何能夠達到初果羅漢呢？佛在這裡已經講到工夫了，剛才是講原則；所謂的入流，反而無所入。換言之，他證到空的境界，就是緣起不起了，緣起性空了，也就是證到了性空，念念都是空的境界。

所以說他不入色，眼睛視而不見，一切人、形相、青山綠水看著都很好，都無所謂了。普通人一看到好，結使就來，被好捉住了；初果羅漢不會被好境界捉走，此心歸到平淡，沒有事。「不入色、聲、香、味、觸、法」，這是什麼境界？這就是「應無所住」，這就是真的無所住。修養到在人世間作人、做事，利益一切人，一切都不住，心中都不留，甚至做了無量的功德，過了就過了，能夠隨時如此，打坐也好，不打坐也好，都是這個境界，這才算接近初果羅漢了。

有一個年輕同學，過去也問過我，他說：老師啊，像我們現在打坐用功，經常愣住了，愣在那裡，好像看不看都沒有相干，這是不是入到預流果啊？我說差不多啦！入到芒果那裡去了。茫茫然，那是愣住了，那並不是「不入色聲香味觸法」。

你不要看這是愣住了，這也是有一點道理，只不過，這是他用功過程中的現象而已！如果認為這樣就是入了預流果，那就不對了。有人修行用功，有時菜飯吃到嘴裡是什麼味道也不曉得，你說真的不曉得味道嗎？又不是，他味道也知道，只是感受上沒有那麼強烈，比較平淡而已。真正學佛用功，會到達這個境界的，可惜不能持久；而且都是瞎貓撞到死老鼠，偶然來一下，過兩天就沒有了。不要說我們是如此，連大阿羅漢們也不行啊！《維摩經》上都有，像迦葉尊者，以及佛在世時的一些大阿羅漢們，都難完全到達「不入色聲香味觸法」的境界。

迦葉起舞　畢陵慢心

迦葉尊者定力之高是有名的，出家前，與太太兩人同修，約好假結婚，房間裡一個柱子為界，各住一邊，有夫婦之名，無夫婦之實，後來帶著太太一同出家。像他這樣高定力的人，卻在天樂鳴空時，習氣深處貪愛音樂的根本發起了，他一邊閉眼盤腿打坐，一邊不自覺的打拍子，搖了起來，坐在那裡跳舞。這是什麼道理呢？這就是《維摩經》上所講，餘習未斷。所以《維摩經》有天女散花的描述，天女把花撒下來，落在大阿羅漢身上就沾住了，落到大菩薩身上，沾不住就掉下來了。維摩居士說，一切大阿羅漢，八十八結使斷了，但餘習未斷，剩餘那個根根的一點習慣還沒有斷，這就叫餘習未斷。大阿羅漢尚且如此，何況我們平常人。

另外還有一個例子，佛的弟子畢陵伽婆蹉，他已經是羅漢了，工夫很高又有神通。據佛經上說，有一天他要過河，那河的管轄權屬於一個女河神，畢陵伽婆蹉站在河邊，兩手一比，叫道：丫頭，你把那個水斷了，我要過去。女河神沒辦法，功力不及他，只好把水斷了讓他過去。事後這個女河神就來向佛告狀，說你的大弟子還罵人！脾氣那麼大，罵我丫頭。佛就笑了，把他找來對他說：過河用神通是犯戒的，犯戒還不說，你還公然罵她。畢陵伽婆蹉說：佛啊！這很冤枉，丫頭，你講，我罵過你嗎？女河神說：佛啊！你看當著你的面還罵我。畢陵伽婆蹉說：你怎麼搞的？丫頭，我實在沒有罵你。佛對女河神說：你不要見怪，他五百世生婆羅門家，罵人罵慣了，結習未斷，所以這一生得了哮喘，果報還沒有還完呢。你以為他罵你啊！他沒有罵。畢陵伽婆蹉還說：我真的沒有罵你，丫頭，你不要難過。等於有些人罵人罵慣了，你叫他道歉，他也道歉了，可是他還再罵你一句。

所以說，得了初果羅漢，對於六根六塵不是不動心，只能說「入流」而已，可是心念之流還沒有空，等於石頭壓草，碰到某種環境，還是會爆發的。關於這方面，有許多資料記載，譬如蘇東坡，以及很多人，都是大修行人轉生來的，但是轉一轉生，他就忘記了。

再如明朝有名的王陽明，據有些文獻記載，就是一個老和尚轉世的。有一次王陽明來到江西一個廟子，看到一個房間鎖著，外面灰塵很厚。和尚說這個房間是不能開的，王陽明位高權重，懷疑廟子裡和尚做壞事，就下令一定要打開，進去只見一個涅槃老和尚的肉身，已經乾扁了，坐在那裡，前面掛著一塊布，上面寫了兩句話：「五十年前王守仁，開門即是閉門人」。王陽明一看就傻了，但是他一生不再談這件事。

這些都是什麼道理呢？這是說明結使問題，前面我們講到，得羅漢果的七還人間，至於變成什麼樣子的人，不一定。在四川時有位老前輩也很有名啦！他兩夫妻人很好，年輕時我很羨慕他們，我說人世間神仙眷屬就是你們，自己有別墅在山上，兩個人感情又好，子孫滿堂。他兩夫妻都學華嚴觀，太太還得過眼通。她說前生是個喇嘛，受他供養，結果修行也沒有修好，騙吃騙喝，所以這輩子變成他太太服侍他。因為她修劉洙源先生的《佛法要領》，自己前因後果很清楚，我認為這些都是再來人，也就是說得預流果的道理。

說了許多的故事，大家不要聽得岔開了啊！所謂故事者，即非故事。現在再歸到《金剛經》。

二果三果作什麼

須菩提。於意云何。斯陀含。能作是念。我得斯陀含果不。須菩提言。不也。世尊。

佛又問須菩提，關於二果羅漢一樣的問題。

何以故。斯陀含。名一往來。而實無往來。是名斯陀含。

二果羅漢，只有一次回轉人間，名義上講再來一次，等於沒有來。什麼道理呢？有許多人生死到了，過去的業債已經完了，有時候來入胎一下，在胎兒階段就流產了，就完了，這一生債算是還夠了。這是真的啊！講得很實在，聽起來好像死無對證。有許多人跟父母的因緣很好，但是時間很短，緣也完了，他也不需要再來，你應該替他高興，他是已經成就了的人，只不過欠你這麼一點親情之債。但是你也欠他眼淚啊！你也為他傷心哭這麼一場，帳也還了，就可以了啦！這是二果斯陀含。

須菩提。於意云何。阿那含能作是念。我得阿那含果不。

這是不還果，這一生過完就結束了，是三果了。

須菩提言。不也。世尊。何以故。阿那含。名為不來。而實無不來。是故名阿那含。

三果羅漢就高了，說不來人間，也不一定，他還是來，因為他已經無生死可了，來也不怕，只是羅漢有隔陰之迷，投一個胎就迷掉了。到了三果以上，定力高的人可以不迷，自己知道。

我自己這些年沒有到處跑，所以也沒有聽到什麼；年輕在大陸時到處跑，聽了許多奇事。譬如我有一個四川朋友，他就告訴我記得三生的事情，他是很有名的一個名人，學問好，文章好，當然他也不輕易講這種事。到了三果的再來人，有時候他明知而不說，因為他生死可以來去自由。有些人入胎不迷，住胎的時候迷掉了；有些人入胎、住胎都不迷，出胎那一剎那迷掉了，各種情況不同，都是因為三果羅漢定力程度的差別而產生的結果。這一品講三果羅漢「名為不來，而實無不來」，就是因為三果羅漢生死來去比較自由的原故。

羅漢的前途

須菩提。於意云何。阿羅漢能作是念。我得阿羅漢道不。須菩提言。不也。世尊。何以故。實無有法。名阿羅漢。

講到阿那含的果位，不再來人世間這個欲界了，實際上來不來呢？還是要來；就是到了四果阿羅漢，也不是絕對的不來。大阿羅漢入定八萬四千大劫，地球形成又毀，毀了又成，但是他不出定則已，一出定怎麼辦？也只有回向大乘，由般若智慧的解脫，才能成佛。所以小乘的前途，還是要回向大乘，由小乘的聲聞，回向這個大乘，才能真正成就。也就是說，真正四果的阿羅漢，「實無有法，名阿羅漢」，就是沒有一個具體的法證到空。如果你還有空的境界，就落在邊見了；如果說你是無邊，則又落在見取見了，這都是見地不真。

所以真正的空，是沒有空的境界可得。我們現在有少數的同學朋友們，打坐坐得很好，自覺進入空的境界，可是你千萬不要把空的境界，弄成只有比身體大一點點的範圍！那不是空，那是一個洞，那樣的空是落入邊見的小邊見。

為什麼人會有空的範圍而落在邊見呢？原因是智力有限，人的智力與心力有限度，所以才會產生這一種見解。所謂《金剛般若波羅蜜經》，它是沒有限度，沒有範圍的無限。最後我們看他的結論，這是須菩提講的：

世尊。若阿羅漢作是念。我得阿羅漢道。即為著我人眾生壽者。

須菩提認為，到達了阿羅漢的境界，他沒有絲毫我已證果的念頭存在。如果有這一念在，一念就是萬念，這一念就會牽連到重重疊疊，《華嚴經》稱為帝網重重。帝就是大，我們的思想、感覺、情感，像一個無比大的大網，只要一個網眼洞動一下，其它的眼洞都跟著一起動，就是所謂帝網重重。我們修持的業力，心性的業力，一念動，百千萬億念都牽動其中。說有一切有，說空一切空，就是這個道理。

所以說，大阿羅漢，如果有自覺已證到阿羅漢的境界，他的我、人、眾生、壽者四相都有，他只能算是個貨真價實的凡夫，根本沒有得道。拿禪宗來講，如果有人說他已經「悟」了，那就是言旁口天的「誤」。有人還自認為是大澈大悟呢！當然囉！那是大錯大誤！就像一個人身上有一萬塊錢，他決不會在街上到處向人去講的，這是個普通的道理，更何況一個得道悟道的人，決不會自覺有道了。須菩提接著報告自己的心得。

世上的第一名

世尊。佛說我得無諍三昧。人中最為第一。是第一離欲阿羅漢。

須菩提說，佛說他（須菩提）已經證得了「無諍三昧」，一切無諍。你罵他也好，恭維他也好，你喊他是天王老子也好，他都無所謂。不是沒有聽到啊！只是他雖聽到，心中平常得很，既無歡喜亦無悲，是非一門（如），一切無諍。

說到這裡，我想到《老殘遊記》的作者劉鶚，這個人的才華還不是《老殘遊記》，而是在《老殘遊記》中桃花林遇仙的六首詩。實際上這些詩都是劉鶚自己所作，後來有人在牆壁上看到這些詩，其中有一句「回首滄桑五百年」，驚奇得不得了，等他出來的時候，那個人趕快跪下來拜，以為他就是神仙，其實那只是劉鶚作的詩。作詩總是亂打妄語的，我作詩也是一樣；但是劉鶚的詩有時境界很好，我們因為講到無諍三昧，引用劉鶚的詩：

曾拜瑤池九品蓮　希夷授我指玄篇
光陰荏苒真容易　回首滄桑五百年

一般人佛學都通得很啊！只能講他佛學很通達，修持工夫不見得。引用《維摩經》的境界，這就是天花著身。佛給須菩提的評語，說他已經得到無諍三昧，但是下面一句話你注意啊！「人中最為第一」，還是人啊！是人類當中學問道德最高的。以學佛四加行來講，人中最為第一就是世第一法，作人到了最高處，道德修養都是第一名，人中最為第一。佛給他的下一個評語「是第一離欲阿羅漢」，這是講須菩提在的時候，佛給他的評語，還只能夠超出欲界，所以是離欲阿羅漢。至於能不能完全跳出三界，在當時還不一定。後來《西遊記》寫須菩提收孫悟空的時候，那已經很高了（眾笑），但是在佛講《金剛經》的時候，須菩提的程度只是離欲阿羅漢，絕對無欲而已。

這個欲是廣義的，不是指男女之間情愛之欲，是指一切的欲，連修道，貪戀打坐，貪戀清淨的那個欲望，都是欲。須菩提已經空了一切的欲，所以是第一離欲阿羅漢。

世尊。我不作是念，我是離欲阿羅漢。世尊。我若作是念。我得阿羅漢道。

他說，儘管你老人家給我這樣一個評語，說我已經達到這樣一個境界，但是，他說，我絕對沒有這樣一個觀念，我不會認為我已經到達了人中第一，我更不會認為我已經得到阿羅漢道。

世尊。則不說須菩提。是樂阿蘭那行者。以須菩提實無所行。而名須菩提。是樂阿蘭那行。

這話怎麼講呢？假如佛給我這個評語，已經證到了離欲阿羅漢，是人中第一，在同學裡頭是第一，我自己想都沒有想，絲毫沒有這個觀念；假定我心裡頭有這麼一點觀念，您就不會說我是一個樂於寂靜的行者了。寂靜，就是徹底清淨的人，喜歡住山，自然就有一個寂靜的廟，廟在哪裡？廟就在你心中，也就是我們經常提到古人的一首詩：「人人自有靈山塔，好向靈山塔下修。」

這一品就是說明四果羅漢的修法，《金剛經》上所討論的重點在什麼地方？無所住，到了這個極果，心中還有這個得道的觀念，那就已經有所住了，那就錯了。所以我給它的結論偈語是這樣的：

第九品偈頌

四果階梯著意成　由來一念最難平
兒啼黃葉飄然落　謊捏空拳大小擎

「四果階梯著意成」，羅漢有四個果位，大乘菩薩道有十地，這些是如何區分呢？其實都是見地問題，所見的範圍，所見的程度，也是一念的關係。四果這個階梯怎麼來的？是由作意而成。

「由來一念最難平」，人生學佛修道，這一念能平靜，則萬法皆空。但是這一念最難平，這一念就是當下一念，由於貪瞋癡慢疑的感受及執著，當下這一念不能平，因此所有的修持都是白費了。

「兒啼黃葉飄然落」，這是《法華經》上的典故。《金剛經》教人不能夠執著佛的法，執著了佛法就不是真正學佛的人。在《法華經》上，佛用另外的方法表達，佛說他說的法，等於指黃葉為黃金，為止兒啼而已。那個小孩哭了，怎麼辦呢？為了使他不哭，順手撿了一片黃葉來逗他，這個好玩啊！這個是金子。只要把小孩哄住了，不管它是雞毛也好，樹葉也好，只要小孩不哭就行了。佛告訴我們，他講的佛法，也就是這個樣子，指黃葉為黃金，為止兒啼而已！其實任何一法都是黃葉，都是為止兒啼而已。如果一念停了，黃葉就不要了。

禪宗祖師有四句話：「佛說一切法，為度一切心。我無一切心，何用一切法。」達到這個境界就是佛，什麼參禪啊！打坐啊！念佛啊！念咒啊！觀想啊！管它白骨紅粉都可以觀；白骨觀不起來，觀紅粉，紅粉觀不起來，觀白骨。佛說一切法，為度一切心，我無一切心，何用一切法。這是《金剛經》徹底的意義，佛都告訴你了，你還要求這個法，求那個法，千里迢迢從外國跑回來，非要在這裡學不可。那當然！因為你有一切心嘛！你就必須回來求一切法。

「誑揑空拳大小擎」，佛說，他說法如空拳哄小兒。小孩子哭，你只要能使他不哭，我裡邊有糖，我給你一毛錢，實際上都沒有，都是哄那個小孩子罷了。禪宗有個祖師五祖演，編了兩個故事，說明佛法修行的道理。

小偷與越獄的人

一個是小偷的故事，大概很多人都聽過的，我們再重複一次。有一個小偷本事高強，兒子長大了，就纏著要他傳衣鉢。有一天被兒子纏不過了，就答應當天夜裡帶他去偷。父子偷偷摸進了一家人家，發現房間內有個大櫃子，這個父親想辦法把鎖打開了，叫兒子進去拿東西。兒子進了櫃子，這個父親立刻把櫃門關上鎖住，並且大叫有賊啊……然後自己跑掉了。這一家人被吵醒都起來了，點起燈火到處找，有個丫頭拿著蠟燭進了房間，櫃子中的兒子情急智生，就用口技學老鼠打架，吱吱吱吵個不停。丫頭叫了起來，太太，不得了啦！小偷沒看見，櫃子裡有老鼠做窩啊！立刻拿鑰匙開鎖，這個小偷的兒子衝出來，一口氣把蠟燭吹滅，就跑掉了。跑回家中看見老子躺在那裡睡覺，兒子就把他叫醒，質問他為什麼這樣害自己的兒子！這個父親說：你不是出來了嗎？你成功啦！衣鉢傳給你啦！他說小偷無定法，只要你逃得出來，就成功了。所以五祖演第一個就告訴徒弟們，要成佛沒有定法，隨便修哪一樣，自己想辦法。

有一次，五祖演對徒弟們說，佛法大乘、小乘，還來個《金剛經》，哎呀！不要那麼囉嗦！我告訴你們一個故事：

有一個犯人坐牢，判了無期徒刑，他想逃出監牢，就與有些同牢的難友商量，那些小偷們都不說話；可是不久小偷慢慢挖地洞，一天挖一點，最後成功了。等到小偷逃走，這個犯人就把地洞蓋好，他自己呢！不想逃，反而跟那個看守變成好朋友。家裡送來好吃的，大家一起吃，好玩的一起玩，後來與看守人無話不談，大家放心他，曉得他不想逃。慢慢的，有一天家裡大拜拜，送來很多的魚蝦啊！肉啊！白蘭地酒、金門高粱、啤酒都有。他請這個牢裡的看守一起來慶祝，等到看守的人酒喝醉了，他就從看守身上把鑰匙取出來，打開自己手銬腳鐐，穿上看守人的制服，把牢門打開，他就大搖大擺的走了。

五祖演說，那個學小乘的呀！就是學那個小偷，花了很大的功力挖個地洞逃出來，逃出來以後，還很可憐的，東躲西躲。學大乘的啊，想要跳出這個世界的牢籠，要跟牢犯、閻王、看守都變成朋友才行，學大乘就是這個樣子。佛法講三界如牢獄，至於什麼方法逃出來，不論唸佛、拜佛，還是唸咒子，是密宗還是顯教，都不管，你只要有辦法出得來就行。這就是佛說無定法的道理。

第十品 莊嚴淨土分

佛告須菩提。於意云何。如來昔在然燈佛所。於法有所得不。不也。世尊。如來在然燈佛所。於法實無所得。須菩提。於意云何。菩薩莊嚴佛土不。不也。世尊。何以故。莊嚴佛土者。即非莊嚴。是名莊嚴。是故須菩提。諸菩薩摩訶薩。應如是生清淨心。不應住色生心。不應住聲香味觸法生心。應無所住。而生其心。須菩提。譬如有人。身如須彌山王。於意云何。是身為大不。須菩提言。甚大。世尊。何以故。佛說非身。是名大身。

心空及第歸

現在講第十品經文之前，先講一下莊嚴淨土，這是大般若的淨土，佛的淨土，不是僅指西方極樂淨土。所謂莊嚴淨土就是一念不生全體現，是心清淨，心空，真淨土。

說到這裡，想到禪宗的一位丹霞祖師，他與呂純陽一樣，是唐朝人，都是去考功名，半途改去修道。這位丹霞在趕考的路上，遇到一個人與他閒談，後來對他說，看你這個人的志氣才華，何必要考功名，你到江西的考場找馬祖，可以成佛，比這個功名好。後來丹霞就去找馬祖了，這是丹霞禪師的公案。

馬祖的禪堂有一副對聯：「此是選佛場，心空及第歸」。等於說我們這個禪堂也是考場，是選佛的考場，心空就是淨土，就考取了。真能夠空此一念就考取了，心空及第歸。學佛的究竟，就是空此一念，俗名叫作現在的現實淨土。所以佛經上說，「心淨則國土淨」，處處都是淨土，處處都是極樂世界，只要心淨就國土淨。

《金剛經》的這一品，梁昭明太子給它的標題是，「莊嚴淨土分」。

佛告須菩提。於意云何。如來昔在然燈佛所。於法有所得不。

前面這一分是佛與須菩提的對話，討論修小乘四果羅漢的境界，討論到這裡為止。現在佛拿自己的經驗來談了，他說，我當年在然燈佛那裡，得了個什麼法嗎？這個「當年」很早了，不是前生的事，是很多生以前的事，第一個給佛印證的老師就是然燈佛，後來小說《封神榜》上寫成然燈道人。這個然燈佛是古佛，非常遠古，地球沒有形成以前那麼古。佛說他當年在然燈佛那裡修行，然燈佛給他授記印證，他得到了一個什麼東西嗎？

不也，世尊。如來在然燈佛所。於法實無所得。

須菩提說：不是的，據我的了解，你當時在然燈佛那裡，你真正的境界，了無所得，一切都空，空到極點，連有所得、無所得、空的境界都沒有了。須菩提答覆到這裡，佛不講話了，第二個問題來了。

莊嚴佛土在哪裡

須菩提。於意云何。菩薩莊嚴佛土不。不也。世尊。

他說我問你，你認為一切菩薩有一個另外的世界，譬如天堂，天堂外面的國土等，一個另外非常莊嚴、好看、漂亮的佛土嗎？

根據《金剛經》這一句，我經常對同學們說，你們可以寫一本比較宗教的書，把各個宗教描寫天堂、佛國的書，寫出來作一個比較，這些資料都有。西方人講的天堂，其中佈置都是西方式的，而且你注意，都是歐洲式的，那個神啊！空中的天使，也是歐洲形式的；印度人講的是印度形式的；

中國人講的，穿的衣服是中國式的。

究竟天堂或者佛土是什麼形狀呢？那就是說，隨便你愛畫成什麼形狀就是什麼形狀，反正大家都沒有去過。

所以一般人心中的佛國世界及莊嚴佛土，都是因人而異的，愛黃金的人想到的是黃金遍地；愛山水的人，一定夢到佛站在高山頂上，好清淨！好美！這叫作各如其所好，也就是《楞嚴經》上的四句話，「隨眾生心，應所知量，循業發現，寧有方所」。

世界上一切知識的範圍，宗教哲學的境界，都是依一般人自己的心靈造成的。隨眾生心量的大小，你那個天堂，你那個佛土，也有大小。應你所知的範圍，量的大小，佛國就有多大小。

「循業發現」，有些人同樣的學佛打坐，但所看到的佛都不一定，你那個佛鼻子高一點，我那個佛鼻子塌一點，總有點不同。這是什麼道理？是個人心境業力的發現不同。「寧有方所」，沒有一個固定的方向，沒有一個固定的心所作用，是絕對的唯心，純粹的唯心。

所以佛在這裡問，「菩薩莊嚴佛土不」，須菩提說不是的，他否認所謂的莊嚴佛土世界存在。

何以故。莊嚴佛土者。即非莊嚴。是名莊嚴。

《金剛經》常用這種論辯方法，所謂莊嚴佛土，只是一句形容的話，「即非莊嚴」，實際上不是我們想像的那種莊嚴。我們想像的莊嚴，一定是地方清淨，大家閉著眼一想啊，一定想一個什麼都沒有，空空洞洞的境界。但是這只是你想像的，有這麼一個境界相，已經是不莊嚴了。絕對的清淨，絕對的空，絕對不是你想像的，「是名莊嚴」，所以叫作不可思議。

這三句話，正、反，最後的綜合，告訴你畢竟的空靈，而你所講的空，想像當中的空，已經是不空了。真正佛土的莊嚴，你沒有親自證到過，不要空洞的想，這是須菩提回答的道理。

打火機

是故須菩提。諸菩薩摩訶薩。應如是生清淨心。不應住色生心。不應住聲香味觸法生心。應無所住。而生其心。

教我們修行的方法來了，注意啊！《金剛經》講到這裡，就告訴我們一個修行的方法，是第二等的方法，因為第一等的大家不懂，是沒有字的；第二等是有字的，「應無所住」。什麼叫無所住呢？應隨時「生清淨心」。譬如有人講，老師啊，這兩天修行很好呢！有清淨心。現在大家聽過《金剛經》，很內行了，他只要有一個清淨心，已經是所知量，範圍很有限了。

現在佛解釋什麼叫清淨心，「不應住色生心，不應住聲香味觸法生心，應無所住，而生其心」，禪宗六祖初步悟道，就是這一句話，聽到了「應無所住而生其心」就開悟了。此心本來無所住的啊！因為你不明白此心無所住，無所住是畢竟空。有個空的境界就不對了，就有所住了，就住在空上了，那是住法而生心，住在空法上。

所以真正的清淨心，不是有個光，有個境界，而是不住色，不住聲香味觸法，他說真正的修行，「應無所住而生其心」。應該隨時隨地無所住，坦坦然，物來則應，過去不留。用我們常談的這兩句話，勉強來描寫，就是此心無事，像個鏡子，心如明鏡臺，有境界來就照，用過了就沒有。當年我有個朋友，學佛有點心得，那個時候剛剛有打火機，人家問他，佛是什麼？他說就像個打火機一樣，卡達！用它就有，不用就沒有。

因師而瞎的眼

須菩提。譬如有人。身如須彌山王。於意云何。是身為大不。須菩提言。甚大。世尊。何以故。佛說非身。是名大身。

「譬如有人，身如須彌山王」，注意這一句話喔！須彌山王就是講法身，得到應無所住，而生其心，可以初步證到一點法身了。法身是不生不滅，不垢不淨，不增不減，所以法身也是大身，也叫作無邊身。他說你要達到應無所住而生其心啊！對佛的法身莊嚴淨土，都知道了，佛的世界，佛的淨土，就是這個樣子。他說，我再告訴你啊！假使我講一個人，身體大得像須彌山一樣，像喜馬拉雅山那麼大，胖得比崑崙山還要胖，你說他大不大？那是一個譬喻，是說法身無量無邊的大，永遠的不生不死。佛告訴他最後的結論，「佛說非身，是名大身」。擺脫了我們肉體的身見，身見就是八十八結使第一個解脫不了的疙瘩，把身見空掉了以後，就可以證得不生不死的法身。

不生不死的法身，也是一句抽象的話，佛法只有實證，你證到了以後才知道，是法不可說，不可說，凡是說的都不對，這個就是法身。所以禪宗所講的悟道，第一步就是要證得這個空性的法身，身見才能夠脫掉，才可以說學禪。

這兩天你們考試的題目「禪是什麼」，大家答的都是牛頭不對馬嘴。

禪是佛的心法，根據《楞伽經》，或根據《金剛經》，佛講得很清楚，可是大家沒有留意，隨便說要學禪，觀念、見地上都不清楚。見地不清楚就會一錯再錯，所有的修持做工夫，走的都是歪路，因為起步走錯了。這不能瞎搞的，不能亂玩的，所以禪宗祖師有一句話：「我眼本明，因師故瞎」。這是一個大禪師悟道後講的兩句話，因為原來的師父指導錯誤，以致本來明亮的眼睛，等於被老師弄瞎了，看不清楚。所以那些亂七八糟的著作，與我一樣，亂搞的，經常會把人家的眼睛搞瞎了的，這一點要注意，要特別注意！

這一品「莊嚴淨土」，我們給它的結論偈子如下：

第十品偈頌

外我無身是大身　若留淨土即留塵

然燈吩咐莊嚴地　掛角羚羊何處尋

「外我無身是大身」，外我無身是引用老子的話，「外其身而身存」。我們學佛修道，先把身見能夠解脫了，所以外我無身，到達了無身見的境界，那麼第一步的學佛，已經證得了。法身也就是大身。

「若留淨土即留塵」，你心中還有一個淨土，認為是佛境界，這個清淨就是塵，留塵就是障礙。

「然燈吩咐莊嚴地」，佛不是說嗎？他在然燈佛那裡悟道，所以然燈佛給他授記，說他悟了，再轉身修持，將來在這個世界上成佛，作教主，說這個證道是莊嚴淨土。名辭上叫作淨土，叫心淨，叫心印，並沒有個實際的境界啊！若有個實際的淨土境界，若留淨土即留塵。所以然燈吩咐莊嚴地，就像禪宗祖師說的，「掛角羚羊何處尋」。據說羚羊睡覺的時候，把身體一翹，羊角掛在樹上就睡覺了，打獵的人不知道，在地上找這個羚羊也找不到。所以說我們一切應無所住而生其心，此心本如羚羊掛角。其實，只是譬喻而已。

譬如我們兩個鐘頭來研究《金剛經》，這一百二十分鐘的時間，所說的，所聽的，都是掛角羚羊何處尋，能如此，現在就在淨土中了。

第十一品 無為福勝分

須菩提。如恆河中所有沙數。如是沙等恆河。於意云何。是諸恆河沙。寧為多不。須菩提言。甚多。世尊。但諸恆河尚多無數。何況其沙。須菩提。我今實言告汝。若有善男子。善女人。以七寶滿爾所恆河沙數三千大千世界。以用布施。得福多不。須菩提言。甚多。世尊。佛告須菩提。若善男子。善女人。於此經中。乃至受持四句偈等。為他人說。而此福德。勝前福德。

不可數的福

今天說到第十一品了，是「無為福勝分」。這個題目，雖然都是後世加的，但是重點都標出來了。

無為福屬於清福之類，無為福勝，就是說清淨的福氣高過世間一切功名富貴的福氣。勝就是超過，超越的意思。

上一品講到大身的問題，就是指一切眾生的生命，肉身後面，那個形而上的那個根本的身，叫作法身，不生不死的大身。

現在就轉到福氣的問題了，人要找到自己生命的本源，得到那個不生不死的大身，那是需要多大的福氣啊！這個福氣是無為之福，這一品就是討論這個問題。

須菩提。如恒河中所有沙數。如是沙等恒河。於意云何。是諸恒河沙。寧為多不。須菩提言。甚多。世尊。但諸恒河尚多無數。何況其沙。

恆河是印度一條主要的大河，就像中國的黃河一樣。現在佛提出來一個問題，恆河裡頭沙子有多少？數也數不清，多到沒有辦法計算，這是第一句的一個觀念。

第二個觀念，「如是沙等恆河」，還有很多條恆河，像恆河沙那麼多條的河，這是第二個觀念。「於意云何」，你的意思看看，「是諸恆河沙」，是所有這麼多條恆河裡頭的沙子，「寧為多不」，是不是很多？「須菩提言，甚多，世尊。」須菩提就說了，世尊，佛啊！這當然很多很多啦！

須菩提又說：「但諸恆河尚多無數，何況其沙」，這個世界裡，我們這個宇宙裡，在印度是看到一條恆河，在中國還有一條黃河呢！在歐洲或其他各地，都有一條極大的河，很多像這樣的大河，還多得很。

這裡我們看到兩個觀念，第一個就是佛說的三千大千世界，佛的世界宇宙觀，每一個宇宙裡河流有多少，佛經上常說，我沒有辦法告訴你，因為你們的知識不夠，無法了解。過去我們聽了好像說空話，現在因為科學的證明，就曉得他所說是老實話。

其次第二點，須菩提又回答說，像恆河一樣的河流都多得數不清了，何況每一條河流的沙子呢，更數不清了。

須菩提，我今實言告汝。

講到這裡，佛又叫一聲須菩提，說，我老實告訴你：

若有善男子。善女人。以七寶滿爾所恆河沙數三千大千世界。以用布施。得福多不。

這幾句話連起來是一個問題，我現在要老實告訴你，假定現在所有世界上不管男的女的，用人世間最貴重的七寶「滿爾所」，裝滿了你所住的這個像恆河沙那麼多的三千大千世界，都拿來布施給人家，救濟世界上所有的眾生，你想這個大好人，得福多不多？他所得的善報多不多？

須菩提言。甚多。世尊。

這當然太大了，這個人做了這樣的善事，這福報太大了。

受持四句偈

佛告須菩提。若善男子。善女人。於此經中。乃至受持四句偈等。為他人說。而此福德。勝前福德。

佛說，假使這個世界上，有一個善人，對於《金剛經》的內容完全了解了；乃至「受持」，這兩個字特別注意啊！意思是接受了，並且照著經典上去修持，這就很嚴重了。

進一步說，對於此經的道理義理了解了，工夫證到了，有所領受；道理上領受沒有用，是真的懂了佛法，身心有感受，有轉變了，這個才叫受。光是受還不算數，要永恆保持那個狀況，那個境界，所以叫作受持。

「受持」二字不要隨便把它看過去了，有人天天唸一卷《金剛經》，也叫受持，那是普通的，因為唸完經，就不管了。

如果懂了經的扼要，等於吃飯吃菜一樣，最精華的營養你已經吸收到了，用不著管那些渣子。《金剛經》中也講過，佛所說的法，像過河的船一樣，你已經過了河，這個船就不要了；你經不唸都沒有關係，就是要你真懂得，那才叫受持。

假使有這樣一個人，不要說受持全部的《金剛經》，只要中間的四句偈，能夠真正領悟了，有所領受，而保持境界，然後再來教導別人，為他人解說，這個人的福報，比用全宇宙財寶布施的福報還要大。

這個很嚴重啊！這樣說來，那個講《金剛經》的人，福報更大得不得了啦！大得沒有辦法裝了，連宇宙都裝不下了吧！這個福報是無為之福，清淨的福，可不是世間的洪福。

關於這個四句偈等，前面已經提過，是千古以來研究《金剛經》經常問的，因為《金剛經》中四句偈不止一個，經裡頭好的句子，都是四句連起來的，沒有說究竟是哪個四句偈，這是一個大問題。

我們可以告訴年輕人作參考，我的話不一定對，你們諸位用自己的般若去參究。佛說過的，他說的話不算數，他的話就是醫生開的藥方，治你的病，你的病治好以後，如果你還捏著這個藥方不放，那你就變瘋子了，這是經裡佛自己講的。

禪宗各宗各派，經常提到一句話，要「離四句，絕百非」，這樣才能夠研究佛法。離開了四句，絕掉了百非，一切都不對，都要把它放掉。

離四句絕百非，也就是一切的否定。那四句也在《金剛經》裡，也不在《金剛經》裡，就是「空」、「有」、「亦空亦有」、「非空非有」這四句。世界上的事情、道理，都是相對的，正、反、不正不反、即正即反。

所以說，離四句絕百非，才是真正受持了《金剛經》的要義，四句偈的道理，就是這個要義。

這一品是說明無為福的重要，也就是說學佛修道的結果，是求無為之果，中文翻譯叫無為，梵文就叫涅槃，涅槃就是無為的意思。無為之道就是最上等的成就。

從這一點說起來，大家在那裡打坐做工夫可不是無為啊！相反的，那是非常有為！在那裡打坐做工夫，深怕工夫掉了，深怕境界跑了，有時候偶然來一點清淨，把清淨抓得比七寶還要牢，深怕清淨跑掉了。

有些人打坐，兩個眼睛看著地下，我年輕的時候就過來問他，你丟了什麼東西？他說沒有丟什麼呀！我說那你為什麼老是盯在地上看，好像東西掉了一樣。

可見多數人都在有為之中，達不到無為；真正達到了無為，那就是成道的境界了。

資糧

那麼，要怎麼樣才能成道呢？要依循行為上的善行成就，福德成就，自然可以成道。所以學佛只有兩種要事，一個是智慧資糧，一個是福德資糧。譬如我們現在研究《金剛經》，以及所有的佛經，都是找智慧，就是儲備智慧的資糧。「諸惡莫作，眾善奉行」，是找福德的資糧，智慧不夠不能成道，雖有智慧，福報不夠也不能成道。

但是在這個有缺陷的世界上，沒有一個人的人生是圓滿的，假使圓滿他就早死掉了，因為佛稱的娑婆世界，是一個缺陷的世界，所以要保留一點缺陷才好。曾國藩到晚年，也很了解這個道理，他自己的書房叫作「求闕齋」，一切太滿足了是很可怕的，希望求到一點缺陷。

因此在這個有缺陷的世界，有福報的人沒有智慧，有智慧的人沒有福報。書讀得好的，多半是福報差一點；命運好一點的人，多半在知識上少一點，有了這一面就少掉那一面，要想什麼都歸了你，那只有成佛才行。

可是成佛求的不是這個福報，而是無為之福，無為之福是很難的。

現在看頌「無為福勝」的偈子：

第十一品偈頌

萬斛珠量鬪富豪　江山無主月輪高
娑婆淚海三千界　爭入空王眼睫毛

這是我給這一品的結論，這個偈子的意思就是說，古代有錢的人用斗量珠鬪那些豪富。譬如魏晉時候，一個有名的大富豪叫石崇，家裡財產不曉得有多少，金剛鑽、珍珠都是用斗來量。有錢人家都愛跟別人比鬪財產，就是「萬斛珠量鬪富豪」，在普通人眼裡，這個人福氣大，有那麼多財產。不過，有人比他還厲害，就是皇帝。如果皇帝發了脾氣的話，一概沒收，他也就沒有了，所以皇帝的福報比他還要大。

「江山無主月輪高」，但是我們看看歷史，大福報的皇帝們，現在都過去了，也沒有了。這個江山世界，誰能夠作得了主啊！一代一代，一個一個都換過去了。但是幾千年前那個月亮，今天出來，明天還是出來，漢朝出來，唐朝還是出來，不管你世界上的人鬧些什麼！以帝王之富貴，也不過是一場春夢。

「娑婆淚海三千界」，可是這個世界上的眾生，對於富貴的福報，看得很重，由生追求到死，到死還不肯放手。所以，常啼菩薩永遠在哭，悲痛眾生的愚癡、愚蠢。這個世界叫娑婆世界，娑婆淚海啊！個個都是可憐人。

「爭入空王眼睫毛」，空王就是釋迦牟尼佛，成佛了的人稱空王。成了空王的人，眼睛這麼一眨，看一下，一切皆空，一萬年的歷史也是彈指過去了，這一切的富貴像灰塵一樣的過去了。但是，要想證到這個道果，就要超越人世間的福德，要有真正大福報的人，才能了解《金剛經》的經義，有智慧成就的人，才能成佛。

由此我們可以了解，這一品裡所講的福德，才是真正的福德，是智慧的福德，大智慧就是大福德，這個智慧的福德不是錢可以買的。

世界上最值錢的東西也最不值錢，最值錢的東西沒有價錢，智慧絕對無價；但是智慧也一毛錢都不值，這就是佛常說的眾生顛倒。爭入空王眼睫毛，大家爭先恐後的想成佛。

第十二品　尊重正教分

復次。須菩提。隨說是經。乃至四句偈等。當知此處。一切世間天人阿修羅。皆應供養。如佛塔廟。何況有人。盡能受持讀誦。須菩提。當知是人。成就最上第一希有之法。若是經典所在之處。即為有佛。若尊重弟子。

放《金剛經》的地方

復次。須菩提。隨說是經。乃至四句偈等。當知此處。一切世間天人阿修羅。皆應供養。如佛塔廟。

這是佛吩咐的話，我們要特別注意。他說須菩提啊！「隨說是經」，再次告訴你，這個《金剛經》，乃至經裡的四句偈等，它有多大的威力呢？當這一本經放在這裡，「當知此處」，你應該要了解這個放經的地方，只要有這個經擺在那裡，或者經裡的四句偈放在那裡，他說不管天、鬼、神、阿修羅等，都要磕頭膜拜，就應當供養。

他說這一本經，或者裡頭的四句要義，就代表了佛的塔廟，好嚴重啊！可是幾十年來，用《金剛經》包燒餅油條的也很多呢！那個時候《金剛經》不是塔廟，而是燒餅油條了。

何況有人。盡能受持讀誦。須菩提。當知是人。成就最上第一希有之法。若是經典所在之處。即為有佛。若尊重弟子。

這本經典乃至四句偈在那裡一擺，就代表了釋迦牟尼佛本身在此，有那麼嚴重！一切天、人、神、魔鬼，不能不頂禮膜拜。更何況還有人能夠研究這個經典，懂了這個經典，進而修行，領受在心，保持佛的境界；乃至有人，每天唸一卷，或者一節《金剛經》，這個功德大得不得了，威力也大得很。

須菩提啊！我告訴你：

「當知是人成就最上第一希有之法。若是經典所在之處，即為有佛，若尊重弟子。」你要知道啊，古代佛經是靠寫的，有的出家人還刺血寫經，大陸上常有人這樣寫經，不過只能拿來供養，因為白紙上用血寫起來呈半咖啡色，並不清楚。

我年輕時皈依一位普欽大法師，他刺血寫了一部《華嚴經》，八十卷啊！寫了三年。《金剛經》才一卷！他也是八指頭陀，兩個指頭燃了供佛的。燃指供佛是用棉花包起手指，放在油裡泡，然後用火點燃供佛。要跪在那裡聲色不動，臉都不紅，所以說，不能不使人肅然起敬。後來他閒談時告訴我，血刺出來，馬上拿筆蘸去寫是不行的，因為血會凝結成塊，所以血滴下來以後，馬上用中藥店買的白芨，一起像研墨一樣研開才能用。古人經典要靠抄寫，所以寫經的功德很大，現在是靠印刷就行了。

《金剛經》放在何處

佛告訴須菩提，一個人能夠喜愛《金剛經》，研究它又使它流通，這個人已經成功了，在這個世界上是第一等人，成就了最為希有之法。是人中少有的了不起，成就第一希有之法。在四川、湖北經常用的一句土話，對於很久沒有來的朋友，偶然來了，稱他為希客，難得來一次的希客。也就是稀少之稀，兩個字通用。

剛才說，這本經典所在的地方，就等於代表了佛，等於佛就在這裡，甚至代表佛的弟子們，須菩提、舍利弗、目連、迦葉等等，這個經典多嚴重啊！

可是我剛才向大家報告，包油條也經常看到，就像當年我印《指月錄》這本書的故事一樣。還記得是請蕭先生和好多人幫忙，書印好了，但是銷不掉，有個朋友向屠宰公會推銷，一共銷了二三十部。後來《指月錄》沒有了，我就請他趕快想辦法把那些書收回來，他跑去只要到了三五部，原來他們用來包豬肉包掉了。

天下有這樣的事情！佛經拿來包豬肉，這都是現代的公案。前面說到《金剛經》有這麼嚴重，這麼偉大，我們現在人各一本，不知道有多少塔廟啊！

大家千萬注意！讀佛經，千萬不要被文字騙過去，這本經典真有那麼大的威力嗎？

我講一個故事，這是中國讀書人過去所講的，說《易經》有八卦可以驅鬼，所以有個年輕人跑到深山裡頭讀書，除了讀的書以外，特別帶了一本《易經》，放在枕頭下因為怕鬼。夜裡聽到鬼叫，他就拚命拿《易經》出來搖，越搖鬼越叫得響，一夜嚇得半死，等到天亮跑到屋外一看，原來是窗外一條繩子，掛在樹上，夜裡大風一吹發出聲響，他當成鬼了。

所以《易經》連繩子都趕不跑的，一本《金剛經》是不是同樣的道理呢？當然也是一樣。

那麼這怎麼解釋呢？這是說要變成你自己，經義在你自己心中才行。佛所說經典在的這個地方等於是塔廟，但是他沒有講是這一本印的書啊！他也沒有講在什麼地方啊！

所以我們要重複古人的偈子，這個偈子是很有道理的：「佛在靈山莫浪求，靈山只在汝心頭，人人有個靈山塔，好向靈山塔下修」。佛在靈山，你不要跑去找了，靈山只在你心中，就是這個道理。

所以經典上面教你受持，這個經典在這裡等於佛，即心即佛，你真悟到了金剛般若波羅蜜多是智慧的成就，悟道了，你這個心地的本處就是佛，就是佛的塔廟，一切天人、阿修羅，沒有不皈依，不供養的，道理就是這個。

現在看我們給它的偈語：

第十二品偈頌

天人針砭一言師　尊敬方知無可疑

涕淚感恩拜未了　萬緣放卻祇低眉

這個偈語給它的結論，也沒有什麼，只是一種禮拜，一種感慨。說到真正的佛法，這一段話就是佛法，你要想開悟，就在這一品。

這其中的道理就告訴我們，作人做事就是一個恭敬的敬，就是儒家所講的敬。一個人能夠敬己，然後才可以敬人；敬別人，恭敬別人，也就是敬自己。一念的誠敬，當下就可以證到佛的境界，所以這一段的道理，是叫我們正信。

任何的宗教徒，不管是佛教、回教、基督教、天主教，當你一看到塔廟，真正很誠懇無所求而拜佛，那一念的尊敬，就是佛境界。第二念就不是了，拜一下然後想想，哎喲我的香蕉放在這裡蠻可惜，水果在這裡恐怕爛了，廟上恐怕吃不完，最好分一點給我帶回去，這第二念就不是佛了。

「天人針砭一言師」，這是天人一針救命的針，中國的中醫學本來是一砭二針三灸四湯藥。現在所謂刮痧，拔火罐等方法，都是砭法的遺傳，原來的方法是石頭來刮的，病深一點時只好扎針。第三步就是用灸，也就是拿火燒，當病深進入了內臟時，再吃湯藥。

所以針砭兩個字經常合起來用，就是由這個道理來的。當然，中國後世醫學，針是針，灸是灸，砭是砭，分開了，開藥方的儘管開藥方，實際上，中醫是連貫一套。

佛說的話是向人天下了一針，針砭就是這一念，一句話。所以我們稱佛為天人師，這一句話是什麼呢？

「尊敬方知無可疑」，就是尊重，尊重就是恭敬。一尊重啊，當下可以悟道，所以只有感謝這一句話。

「涕淚感恩拜未了」，感謝懂了這一句話以後，放下萬緣，佛的塔就在這裡，佛的廟就在這裡，佛法在哪裡？就在這裡。

「萬緣放卻祇低眉」，所以菩薩慈目低眉，眼睛一閉，一打坐，萬緣放下。

第十三品 如法受持分

爾時須菩提白佛言。世尊。當何名此經。我等云何奉持。佛告須菩提。是經名為金剛般若波羅蜜。以是名字。汝當奉持。所以者何。須菩提。佛說般若波羅蜜。即非般若波羅蜜。是名般若波羅蜜。須菩提。於意云何。如來有所說法不。須菩提白佛言。世尊。如來無所說。須菩提。於意云何。三千大千世界所有微塵。是為多不。須菩提言。甚多。世尊。須菩提。諸微塵。如來說非微塵。是名微塵。如來說世界。非世界。是名世界。須菩提。於意云何。可以三十二相見如來不。不也。世尊。不可以三十二相得見如來。何以故。如來說三十二相。即是非相。是名三十二相。須菩提。若有善男子。善女人。以恆河沙等身命布施。若復有人。於此經中。乃至受持四句偈等。為他人說。其福甚多。

再說大智慧

現在開始《金剛經》的修法了。大家不要忘記前面說過，從第一品到了第十品已經告一段落，佛已經告訴我們一個修道的方法，就是「應無所住」，一切不住的這個方法。你做到了一切不住，你就懂了般若波羅蜜。十三品說修法之前，插進來十一、十二兩品，說明這個重要性，以及要如何尊重；說完以後，佛另起爐灶，開始又告訴我們一個方法。

爾時須菩提白佛言。世尊。當何名此經。我等云何奉持。

佛的經典都是與弟子們當場商量，來決定這一本經的經名。這裡須菩提就提出來問，將來這個記錄要如何定名？我們將來（也代表將來的人）看了這個佛經，怎麼樣依您所教來奉行？怎麼樣修行？

佛告須菩提。是經名為金剛般若波羅蜜。以是名字。汝當奉持。

佛說，你可以把這次的對話記下來，這本經典，叫作金剛般若波羅蜜，你就用這個名字來奉持就好了。

所以者何。須菩提。佛說般若波羅蜜。即非般若波羅蜜。是名般若波羅蜜。

《金剛經》經常碰到這些話，就是儒家經常反對的，認為這樣一句話，翻來覆去，般若波羅蜜，不是般若波羅蜜，就是般若波羅蜜，好像很不合理。

實際上，佛自己說的，《金剛經》是無上智慧法門，什麼理由呢？須菩提你要知道，真正的佛法沒有定法。

你說非要拜佛不可，西藏密宗非要吃葷不可，中國顯教非要吃素不可，非要這樣不可，那樣不可，這都是定法，不是佛法；那些說法只是教育法一時的方便，不是究竟。所以佛在這裡充分的告訴我們，不可執著一法為佛法，那都搞錯了，那都是譭謗佛，因為佛無定法。

這個意思也就是說，不一定這個形式就叫佛教，那個形式也是佛教。所以你們青年們要弘法，能夠一句佛話也不講，一個佛字也不提，就能將這個道理教導別人，就是佛法！何必要加一個「佛」字呢？那只是外衣呀！這個外衣是可以脫掉的。

所以，開始我們已說過，真正的佛法是超越一切宗教、哲學，一切形式之上的。也就是佛說，真正的智慧成就，「即非般若波羅蜜」；智慧到了極點啊，沒有智慧的境界，那才是真智慧。這也等於老子說的，大智若愚，智慧真到了極點，就是最平淡的人。世界上最高明的人，往往就是最平凡的人；相反的，平凡就是偉大。

有些同學們常問，那悟道的智慧在哪裡呀？我說就在你那裡，「小心啊！」這一句就是「道」；「留意啊！」這一句話就是「道」。因為你的

「意」就是留不住，你能留到意就得道了。小心！你就是小不了心，你小到那麼小心，就得道了。不要看到世界上這些說法，都認為是通俗，這都是金剛般若波羅蜜。最平凡的一句話，你能懂得了，就是聖人在說法。留意，誰能把意留得住？小心，誰能把心小得了？做到了，就得道了。「般若波羅蜜，即非般若波羅蜜」。

黃山谷與晦堂

剛才我們講到，「佛說般若波羅蜜，即非般若波羅蜜，是名般若波羅蜜」。這其中還有一層意義，我們需要了解；因為佛講這個大智慧成就，般若波羅蜜，就是智慧到彼岸，所以有些學佛的人，就天天去求智慧。般若波羅蜜，即非般若波羅蜜，成佛的那個智慧，不要向外求啊！它並不離開世間的一切。世間法就是佛法，任何學問，任何事情，都是佛法，這一點要特別了解，千萬不要認為般若波羅蜜有一個特殊的智慧，會一下蹦出來開悟，很多人都有這個錯誤的觀念。佛告訴你「般若波羅蜜，即非般若波羅蜜，是名般若波羅蜜」。一切世間的學問、智慧、思想，一切世間的事，在在處處都可以使你悟道，所以禪宗悟道的人，有幾句名言：「青青翠竹，悉是法身。鬱鬱黃花，無非般若。」般若在哪裡？到處都是。中國的禪宗，專以《金剛經》為主體，有人因而開悟，並不是念經開悟，很多人隨時隨地開悟，這是開悟以後講出來的話。

其實，我們現在看馬路上，車如流水馬如龍，那個就是般若，你看到了，了解了，當下悟道，也就是青青翠竹，悉是法身，到處都是這個不生不死的法身。鬱鬱黃花是形容之辭，開的是韭菜花也行，也無非般若。他說在看花中就能悟道了，在風景中也能悟道，就能成佛。這些就是禪宗的公案。

宋朝與蘇東坡齊名的一位詩人，名叫黃山谷，跟晦堂禪師學禪。他的學問好，《金剛經》更不在話下，但是跟了三年還沒有悟道。有一天他問晦堂禪師，有什麼方便法門告訴他一點好不好？等於我們現在年輕人呀！都想在老師那裡求一個秘訣，這樣他馬上就可以悟道成佛了，黃山谷也一樣。晦堂禪師說：你讀過《論語》沒有？

這一句話問我們是不要緊啊！問黃山谷卻是個侮辱，古代讀書人，小孩時代就會背《論語》了。既然師父問，黃山谷有什麼辦法，只好說：當然讀過啦！師父說：《論語》上有兩句話，「二三子，吾無隱乎爾！」二三子就是你們這幾個學生！孔子說，不要以為我隱瞞你們，我沒有保留什麼秘密啊！早就傳給你們了。

黃山谷這一下臉紅了，又變綠了，告訴師父實在不懂！老和尚這麼一拂袖就出去了。他啞口無言，心中悶得很苦，只好跟在師父後邊走。這個晦堂禪師一邊走，沒有回頭看他，曉得他會跟來的。走到山上，秋天桂花開，香得很，到了這個環境，師父就回頭問黃山谷：你聞到桂花香了嗎？文字上記載：「汝聞木樨花香麼？」

黃山谷先被師父一棍子打悶了，師父在前面大模大樣的走，不理他，他跟在後面，就像小學生挨了老師處罰的那個味道，心裡又發悶。這一下，老師又問他聞不聞到木樨桂花香味！他當然把鼻子翹起，聞啊聞啊！然後說：

我聞到了。他師父接著講：「二三子，吾無隱乎爾」，這一下他悟道了。所謂般若波羅蜜，即非般若波羅蜜，是名般若波羅蜜。這是有名的黃山谷悟道公案。

黃山谷與黃龍死心悟新

他悟道以後，很不得了，官大、學問好、詩好、字好，樣樣好，道也懂，佛也懂，好到沒有再好了，所謂第一希有之人。第一希有就很傲慢，除了師父以外，天下人不在話下。後來晦堂禪師涅槃了，就交代自己得法弟子，比黃山谷年輕的黃龍死心悟新禪師說：你那位居士師兄黃山谷，悟是悟了，沒有大澈大悟，只有一半，誰都拿他沒辦法，現在我走了，你拿他有辦法，你要好好教他。黃龍死心悟新馬上就通知，叫黃山谷前來，告訴他，師父涅槃了，要燒化。

和尚死了，盤腿在座上抬出去，拿火把準備燒化，得法的弟子，站在前面是要說法的。這個時候，黃山谷趕來了，一看這個師弟，小和尚一個。黃龍死心悟新雖然年輕，卻是大澈大悟了的，比黃山谷境界高，又是繼任的和尚，執法如山。黃山谷一來，黃龍死心悟新拿著火把，對這位師兄說：我問你，現在我馬上要點火了，師父的肉身要燒化了，我這火一下去，師父化掉了，你跟師父兩個在哪裡相見？你說！黃山谷答不出來了，是呀！這個問題很嚴重，師父肉身化掉了，自己將來也要死掉的，兩個在哪裡相見？

你們在座大家也說說看！有人一定說西方極樂世界見面，黃山谷不會那麼講。不要說別的，我們大家坐在這裡，都是現在人，你們大家回去，夜裡睡著了，我夜裡也睡著了，我們哪裡相見？就是這個問題。

這一下黃山谷答不出來了，不是臉變綠，是變烏了，悶聲不響就回去了。接著倒楣的事情也來了，因為政治上的傾軋，皇帝把他貶官，調到貴州那個鄉下地方，當個什麼小職員，從那麼高的地位，一下摔下來，一般人怎麼忍受啊！

剛才講到「無為福勝」，倒楣了，他正好修道。在到貴州的路上，有兩個差人押著去報到。差人怕他將來又調高官，也不太為難他，他就沿途打坐，參禪。有一天中午很熱，他就跟這兩個押解的人商量，想午睡休息一下。古人睡的枕頭是木頭做的，他躺下去一下不小心，那個枕頭蹦咚掉在地下，他嚇了一跳，這下子真正開悟了。他也不要睡覺了，立刻寫了封信，叫人趕快送到廬山給黃龍死心悟新禪師，他說：平常啊！我的文章，我的道，天下人沒有哪個不恭維我，只有你老和尚——現在叫他師弟老和尚，客氣得很啦！只有你老和尚不許可我，現在想來是感恩不盡。

所以啊！「般若波羅蜜，即非般若波羅蜜」。真正的，另一層的，我們從道理上解釋，一切世間法都是佛法，學佛法，不要被佛法困住，這樣才可以學佛。如果搞得一臉佛氣，滿口佛話，一腦子的佛學，你已經完了，那就是般若波羅蜜了。我們把這個重要的先解決，下面的慢慢就懂了。

微塵　外色塵　內色塵

須菩提。於意云何。如來有所說法不。須菩提白佛言。世尊。如來無所說。

我再問你，佛真正說過法嗎？須菩提當場答話，就向佛說，世尊，據我所了解，你沒有說過法啊！沒有傳過法啊。

你看，兩個人當面扯謊！釋迦牟尼佛三十一歲悟道，三十二歲出來就開始教化了，他說了四十九年法，現在師生兩個對話，卻說沒有說過。

須菩提。於意云何。三千大千世界所有微塵。是為多不。須菩提言。甚多。世尊。

這第二句問話，好像與前面不連貫似的，實際上是相連的。須菩提說了沒有說法之後，佛又問了，你的意思怎麼看法，這個三千大千世界，這個物質的宇宙，所有的微塵合起來，多不多啊？須菩提言，甚多，世尊。

須菩提。諸微塵。如來說非微塵。是名微塵。如來說世界。非世界。是名世界。

這是講什麼話？微塵不完全是灰塵，我們先叫它灰塵來講，如來說一切的微塵非微塵；我說沒有灰塵，不是灰塵，姑且叫它灰塵。佛說這裡告訴你，三千大千世界，沒有世界，姑且叫它世界。你說這講的是什麼啊？怪不得儒家認為《金剛經》不能看，不曉得講些什麼，般若波羅蜜，即非般若波羅蜜；三千大千世界，又非三千大千世界。你說了沒有？我沒有說。不曉得搞些什麼！

「微塵」是佛學裡的名辭，微塵又叫外色塵，過去佛經所講的外色塵，等於現在說電子、核子、原子之類。除了外色塵，還有內色塵，內色塵厲害極了，學佛的人假使念佛念到一心不亂，或者修觀想的人，觀成功了，心物一元，可以變成另外一個人站在前面。人家還可以看得到，他也能說話，也能做事，這就是一切唯心所造，這是內色塵的力量把它發出來的。當然，現在世界上很少有人證到這個道理，但是這是絕對的真理，是可以證到的，也就是緣起性空，性空緣起。

現在佛說的這個外色塵的微塵，再分析下去，又分成七分，就是色、聲、香、味、觸、法、空。所以啊！過去兩千年來的佛學很難講，大部分的佛學家和大法師們，說到這裡就不說了，因為無法講。現在科學昌明了，勉強還可以解釋一下，這些，佛在兩千多年前，就知道了。

核子、原子，爆發了，完全空，空了以後能夠發光，能夠震動聲音，能夠死人。所以原子一爆炸，那個空的力量一過來，人都變形了，原子塵沾到的不死也醫不好了。原子、核子最後分成空，所以微塵分七分，色、聲、香、味、觸、法、空。

換句話說，佛告訴你，這一個一個灰塵，一粒一粒灰塵，一個分子一個分子，組合攏來，構成了一個物理世界。你把地球物理世界打爛了，分析了，本來就是空的，沒有世界的存在，也沒有微塵的存在，一切本空，這個物質世界的空，同般若波羅蜜，智慧、心念最後的空是會合的，是心物一元。

會合最後是真空，那個空的境界，是佛的境界，就是悟道；那個時候的悟道，是修證到的，不是理論，要工夫證到；那個境界，不可說，不可說，說了半天，都不是，所以佛才說沒有說法。須菩提講：是啊！你沒有說啊！因為實在沒有辦法說，說不出來的，說個空已經不是它了，說它是有，世界上有的東西又終歸空的，所以空有都不能講，即空即有，非空非有。

《金剛經》文字非常流利，很容易懂，難懂不是理論，是修證，修證到這個境界，才是真正算是學佛。

這一段說了以後，他又轉到另外一個問題。

你我的三十二相

須菩提。於意云何。可以三十二相見如來不。不也。世尊。不可以三十二相得見如來。何以故。

我們學佛不能著相，也等於其它宗教反對拜偶像一樣。什麼是偶像？佛經上講的佛不得了，每一個佛成功了有三十二相，三十二種與人不同的相貌；八十種隨形好，也是別人所沒有的。這個問題很大，這就是話頭。

比如我們塑的佛相，眉間鑲顆珠子，頭上鼓起來有個包包，眉間鼓起來有根白毛。這根白毛不是亂長的，平常收攏來，「白毫宛轉五須彌」，向右轉圈的，白毫這根毛拉出來有多大呢？有喜馬拉雅山五倍那麼大。「紺目澄清四大海」，那兩顆眼睛發藍的，眼白發碧青的顏色，比四大海水還清，四大海水並不清，不過是形容它的清。

譬如我們講過的，因為佛修行三大阿僧祇劫，沒有講過一句謊話，因此他的舌頭吐出來，可以遍布三千大千世界，我們衣服都不能曬了，因為太陽都被他的舌頭遮住了。所以佛有三十二種相，皮膚都是平滿的，無一不好，一身都是亮光。

當年有人問我們，你們禪宗開悟了就是佛，怎麼沒有三十二相呀？我們看看自己，還是那個手，也沒有長根毛；說開悟了，一點都沒有變嘛！牙齒掉了也沒長出來，頭髮白了也變不黑，這個悟靠不住啊！

後來再看一看，每個人都有三十二種相好，你的相，我絕對沒有，我的相你也沒有，你長成我那個相，你也不是你了。然後看一切眾生，各有各的三十二相，八十種好。如果真執著三十二相的觀念，那只能說宗教信仰則可，真正的佛法被你蹧蹋了。學佛法不能著相，所以他自己提出來，問須菩提，能不能以三十二相八十種好這樣的觀念來看佛。須菩提回答說不可以，不可以以三十二相見如來。

如果你們打坐看到佛放光，或者昨天夜裡夢到，佛告訴你些什麼，那是做夢，你千萬記住，不能以三十二相見如來。那個夢中見的是真的假的呢？夢中見的也是真的，那是你阿賴耶識所變，不是假，自他不二，也是真的，不過是你自己八識心田中出來的，但你不能執著。佛說：「何以故」。什麼理由呢？

如來說三十二相，即是非相。是名三十二相。

我確定的告訴你，佛說一切人成佛功德圓滿，都有三十二相。這不是法身的相，法身無相，所以，可以叫他三十二相，也可以叫他六十四相。你懂了《金剛經》這個道理，你就悟到了中國的《易經》也有六十四卦，也就是六十四相，道理是完全一樣的。所以啊，《易經》八八六十四卦，其實一卦都不卦，因為卦不住的，卦者變也，都是變相。講到這裡，想到一個禪宗的典故，你能理解的話，你們年輕智慧高的也可以開悟。

夾山大師

有個禪宗大師叫船子誠，又名船子和尚，船子是外號，就像我們說濟顛和尚，濟顛是外號，法名叫道濟，因為瘋瘋顛顛，大家叫他濟顛和尚。那個船子和尚開悟後，與其他兩個師兄弟下山去，有人到湖南去教化，有人到江西去教化，最後就問船子誠準備到哪裡去？

船子說：師兄啊！我看你們這一生有好福報，將來可以作一方的大師，我這個苦命人，此生作個平凡的人，多做一點好事再說吧！不過拜託你們兩位，將來有一等的人材，給我送一個來，接接我的這一支。師父把學問傳給我，我不交代下去，上對不起歷代先聖先賢，也對不起師父啊！只要有人接我的法，我就心滿意足了。

所以他就跑到江蘇華亭，一個小地方，作個渡船人，一隻小船整天渡人過河來去，給他錢，他收兩個，不給錢也沒有關係。

後來有個大法師夾山和尚，佛法好，學問好，講經說法，聽眾極多，名氣大得很。船子誠的師兄道吾和尚聽到了，心想那個師弟船子，還天天在搖渡；道吾也是禪宗大師，穿了件破破爛爛的和尚衣服，言不壓眾，貌不驚人，就到夾山道場找個後面的角落坐下。有人起來問：「如何是法身」，夾山和尚回答：「法身無相」；又問「如何是法眼」，他說：「法眼無瑕」。答得多好。法身無相嘛！根據《金剛經》，三十二相皆是非相。法眼是沒有一點瑕疵的啊！心如明鏡臺，無所不照，無所不知。照佛學的理論，這個回答的確沒有問題。

可是坐在那個角落的道吾，嘻！就給他那麼一笑！這個笑是冷笑。夾山受不了啦，趕快下堂，經也不講了，下來把和尚的大禮服袈裟一披，就去找這個破破爛爛的道吾和尚頂禮。他說老前輩啊！我剛才答話，哪裡錯了？道吾說：錯倒沒有錯，可惜沒得師承。換句話說，你理論是對，你工夫上沒有到，你不要瞎說。夾山就問當今天下，哪一位是明師啊？道吾說，明師是有，但是你今天名氣那麼大，恐怕辦不到，除非把招牌丟掉，名利不要，我再指給你一條明路。像道吾這種和尚，給師兄弟找徒弟，多有本事。

夾山果然丟棄盛名地位，捆一個小包袱就去了，夾山在聲名顯赫時居然能為道而捨棄一切，證明他後來的大澈大悟是有道理的。道吾說：我說的這個人啊！「上無片瓦，下無卓錐」。上無片瓦，下無立錐，就是住在船上嘛！他說你到華亭三十里外，那個河邊去找一個和尚。後來夾山就找到這個船子誠，中間我們就不詳細報告了，大家可以參考《指月錄》。

夾山見船子

船子誠一看這個夾山啊！將來一定是個大師，知道是師兄搞來的。夾山上船以後，也沒有說出道吾，也沒有自我介紹，他們兩個人彼此考察。

船子和尚就問夾山：「大德高棲何寺」，當時他們兩個人的學問都很好，說話滿口的文雅字句，夾山說：「寺即不住，住即不似。」喝！那都是開悟了的話，就是我們普通講：你貴寺在哪裡？夾山答話：「寺即不住，住即不似」，這似乎是「應無所住而生其心」嘛！還有所住就不是了。所以禪宗叫機鋒，一句話，不等你考慮一下講出來，等你考慮了一下再答，就已經不是了，那就住即不似了。

這兩個人學問都好，佛學都呱呱叫，平常大概都在佛教刊物上登文章的（眾笑）。

最後沒有辦法，船子和尚就拿起那個船槳，一下子就把夾山打下水去了。人掉下水去，不會游泳，咕嚕嚕……狼狽不堪，剛冒上來，船子誠就說：你說你說！夾山正準備張嘴，船子又把他按下去了，來往一共按下三次。人掉到河裡去了，咕嚕嚕水吞下去，剛剛冒上來一點，又把他按下去，你快說，一定又講道理，寺即不住，住即不似，趕快又把他按下去，不等他講。

最後，把他滿肚子學問道理給水泡光了，再一次冒上來，夾山說我懂了，再不要把我按下去了。這一下開悟了，船子說：我告訴你，佛法就是這樣，你可以走了。

當然，夾山在船上幫師父划船划了多久，就不知道，後來師父叫他走，他告辭師父走了，一邊走，一邊回頭看這個師父。我們一定覺得他未免有情，戀戀不捨，但是這個師父一看到，說：「和尚，你以為我還沒有教完你啊！」把船弄翻自己就沉下去了，這樣堅定夾山的信心。不過他吩咐過夾山，從此不許住在鬧市裡當法師，要好好到深山裡頭，沒得吃的都可以，冷湫湫的古廟，好好去修行，修成功再出來。

後來不知過多少年，夾山再出來作大師，有前輩又出來請問他，如何是法身？答以「法身無相」；如何是法眼？答以「法眼無瑕」，還是這兩句話。同樣是這兩句話，悟後是證到了這個境界，開悟前只是理念上的話。理念上雖對，但是，你嘴巴上會說，叫作口頭禪，身心沒有證進去。所以，有關這個相的問題就是這樣，你著了相，總以為外面有個佛像，看到有個佛來，是打坐也好，入定也好，做夢也好，你看到佛在顯身，你就著相了，就不是佛法。「三十二相即是非相」，就是這個道理。

大的功德

講到這裡，有一點很重要的交代，這個世界最高的東西，不是唯物的，是絕對唯心，但是這個心是心物一元的心，不是與唯物相對的唯心。這個心物一元的心是看不見的，不著相，不能著相。真正的佛法是破除迷信的，是不著相而起正信的，法身無相正是悟道。這就是前面講的兩個重點，講完了，佛就告訴須菩提：

須菩提。若有善男子。善女人。以恆河沙等身命布施。若復有人。於此經中。乃至受持四句偈等。為他人說。其福甚多。

假使這個世界上有一個人，拿恆河沙一樣的生命，布施給人家了，這個功德比把充滿宇宙的財富布施還要大。

人生最捨不得是兩樣東西，第一是財，第二是命。當有命的時候，錢財是最捨不得的！所以有命活著的人，肯布施錢財就很了不起了。若是掉到河裡馬上要死的時候，你只要救我上來，什麼都可以給你啊！那個時候捨不得的是命。所以命比錢財還要重要。

上一節講到拿宇宙一樣多的財寶布施，得福很多。這一品更嚴重了，拿恆河沙那麼多的身命來布施，你看這個福報大不大？當然很大，但是，卻比不上懂得《金剛經》四句偈，能夠受持、修證，甚至自度度他，自悟悟他，為他人說的這個福德大。

這是什麼大福德？是無為之福，是正信之福。

這一品我們給它的偈語結論：

第十三品偈頌

世界微塵漚沫身　懸崖撒手漫傳薪
黃花翠竹尋常事　般若由來觸處津

「世界微塵漚沫身」，這個世界是物理、物質的微塵累積所造成的。微塵質量沒有形成之先是空的；形成以後，變化到最後沒有世界物質存在時，又歸於空。

何況眾生偶爾暫存的生命，只如水上浮漚泡沫，空作有時有亦幻，幻有滅去還歸空。

「懸崖撒手漫傳薪」，如果證悟到「緣起幻有，性自真空。空生幻滅，緣起無常」，便知有亦不假，空亦不真。到此猶如古德所說：「懸崖撒手，自肯承當，絕後再蘇，欺君不得」，便可此心安住，得大自在了。

「黃花翠竹尋常事」，然後反觀古德所說：「青青翠竹，悉是法身。鬱鬱黃花，無非般若」，便知本來平實，一切現成。

「般若由來觸處津」，原來般若波羅蜜多，是處處現在，時時現成，便登彼岸了。佛與眾生，性相平等，福德性空，宛然如是。

第十四品　離相寂滅分

爾時須菩提。聞說是經。深解義趣。涕淚悲泣。而白佛言。希有世尊。佛說如是甚深經典。我從昔來所得慧眼。未曾得聞如是之經。世尊。若復有人。得聞是經。信心清淨。即生實相。當知是人。成就第一希有功德。世尊。是實相者。即是非相。是故如來說名實相。世尊。我今得聞如是經典。信解受持。不足為難。若當來世。後五百歲。其有眾生。得聞是經。信解受持。是人即為第一希有。何以故。此人無我相。無人相。無眾生相。無壽者相。所以者何。我相即是非相。人相眾生相壽者相。即是非相。何以故。離一切諸相。即名諸佛。佛告須菩提。如是如是。若復有人。得聞是經。不驚不怖不畏。當知是人。甚為希有。何以故。須菩提。如來說第一波羅蜜。即非第一波羅蜜。是名第一波羅蜜。須菩提。忍辱波羅蜜。如來說非忍辱波羅蜜。是名忍辱波羅蜜。何以故。須菩提。如我昔為歌利王割截身體。我於爾時。無我相。無人相。無眾生相。無壽者相。何以故。我於往昔節節支解時。若有我相人相眾生相壽者相。應生瞋恨。須菩提。又念過去於五百世。作忍辱仙人。於爾所世。無我相。無人相。無眾生相。無壽者相。是故須菩提。菩薩應離一切相。發阿耨多羅三藐三菩提心。不應住色生心。不應住聲香味觸法生心。應生無所住心。若心有住。即為非住。是故佛說菩薩心。不應住色布施。須菩提。菩薩為利益一切眾生故。應如是布施。如來說一切諸相。即是非相。又說一切眾生。即非眾生。須菩提。如來是真語者。實語者。如語者。不誑語者。不異語者。須菩提。如來所得法。此法無實無虛。須菩提。若菩薩心。住於法而行布施。如人入暗。即無所見。若菩薩心。不住法而行布施。如人有目。日光明照。見種種色。須菩提。當來之世。若有善男子。善女人。能於此經受持讀誦。即為如來。以佛智慧。悉知是人。悉見是人。皆得成就無量無邊功德。

我們今天講第十四品，從開始到現在，講了十三品，這其中再提起大家注意，《金剛經》雖然在說大般若的修持，這個般若不是純粹的般若，他講的是般若的體，就是道體，及見道之體的修行方法。開始先告訴我們，如何是修戒的般若，就是「善護念」這個要點，由開始發心修行到最後的成佛，就是「善護念」。接著下來，就說善護什麼念，「無住」。「無住」就是定，「善護念」就是戒，《金剛經》的「般若」，本身就是慧，這是拿戒定慧的道理，來說明《金剛經》的本身，般若法門就是如此。

如果以六度來講，《金剛經》首先講無住，所以令一切眾生入無餘依涅槃而滅度之。這是布施，布施度，由布施而到達般若的成就，證得阿耨多羅三藐三菩提，就是大澈大悟而成佛。布施以後持戒，持的什麼戒？持的菩薩大戒，無我相，無人相，無眾生相，無壽者相，善護此念就是持戒波羅蜜，而到達般若波羅蜜，智慧得度，智慧的成就，這是一個基本修持的階段。由此而學佛，由此而修行，由此而成佛。說到十三品這裡，差不多作了一個結論。

現在第十四品開始，是講由忍辱波羅蜜，到達般若波羅蜜，我們今天這一段，重點就在這裡。

解悟 喜極而泣

爾時須菩提。聞說是經。深解義趣。涕淚悲泣。而白佛言。希有世尊。佛說如是甚深經典。我從昔來所得慧眼。未曾得聞如是之經。世尊。若復有人。得聞是經。信心清淨。即生實相。當知是人。成就第一希有功德。

這裡只有三個小節，是另起一個階段，前面都是須菩提與佛的對話，一問一答，記錄下來，就是經典。

「爾時」，這時候，就是當問話的時候，須菩提聽了這個經典的感受，聽了佛說般若成就法門的感受，「深解義趣」。希望大家特別注意這四個字，大家唸經時，很容易輕易把它唸過去，深解義趣是深深的，很深刻的理解到了。所謂理解到，是我們現在講的話，就是真正的悟到了那個道。

後世禪宗門下，把它分成兩個階段，一個叫解悟，一個叫證悟。解悟就是知見上的，所知所見到達了，但是這不是普通的學術思想所說的理解，而是這個身心馬上感受到有一種脫落感，脫滯感，這就是解悟的一種境界。所以他說深解義趣，深深的得到解悟，不談證悟。

「義」就是解悟到佛法修證至高無上的道理，義也就是義理，義在古文就代表理，最高的道理。「趣」不是興趣的趣，而是趨向的趨，就是向那個方向，到那個趨向目標的路上。佛經上經常看到這個「趣」字，趨向，已經到達這個境界，已經進入了這種情況。深解義趣是一個事實，不是文學上空洞的讚歎名辭。須菩提深解義趣以後哭了，他為什麼哭呢？人往往喜極而泣，高興到了極點，會痛哭流涕。人所追求的，始終沒有追求到的，忽然追求到了，會哭起來；這個哭是無上的歡喜，所以也是一種悲心的流露。

學佛修道的人，在自己自性清淨面快要現前的時候，自然會涕淚悲泣，這是自然的現象，否則就是一個瘋子了。當這個人性自然的清淨面，所謂本性，本來的面目呈現的時候，自己有無比的歡喜，但是找不到歡喜的痕跡，自然會哭起來。而你問他哭什麼？他並不傷心，而是自然的，天性的流露。等於說，自己失掉的東西忽然找到了，那個時候就有無比的歡喜，但是也沒有歡喜的意思，而是自然涕淚悲泣的感受。

因此，須菩提一邊哭一邊講，希有世尊啊！偉大了不起的佛啊！希有難得的佛啊！這都是讚歎之辭。「佛說如是甚深經典」，他說，你現在講這樣高深的道理，什麼道理？就是般若，智慧的解脫，智慧的成就，這個經典重點在這裡。「我從昔來所得慧眼」，這位須菩提，是佛弟子有名的談空第一，他天生有慧眼，所以在佛的修持行列中，般若智慧成就最高。所以他說，自從我有慧眼以來，「未曾得聞如是之經」，從沒有聽到過這樣深刻究竟道理的經典。

信心清淨

講到這裡，又加上稱呼了，等於我們講話，經常說老兄啊！老弟啊！「世尊，若復有人，得聞是經，信心清淨，即生實相」，他說：假定有一個人，聽到這個般若波羅蜜經，聽到佛說的如何以智慧來自度、成佛的這個法門，「信心清淨，即生實相」這八個字，是這一品重點的中心，千萬記住。也就是我們後世眾生，要想成佛的必經之路，必要的法門。達不到這個程度，與成佛的距離還很大，只能說你剛開始在學，一點影子都沒有。達到了這八個字的程度，也可以說你進入了般若之門，建立學佛的基礎了。

「信心清淨」有兩種意義，一種是專講個人的信仰，因為真正的信仰並不是迷信。為什麼不是迷信呢？因為是深解義趣，把道理徹底了解了來學佛，才是一個真正學佛的人。假定說佛學的理不透，盲目的去信仰，盲目的去禮拜，那不能說他是不信；不過，嚴格的說，還屬於盲目迷信的階段。真正佛法的正信，是要達到深解義趣這四個字，先懂得理論以後，再由這個理論著手修持。所以說，一個真正學佛的人，必須能深解義趣，這個信心才是絕對的正信，這一個法門，才是真正的佛法，才是宇宙中一切眾生，自求解脫成佛之路。

所謂正信，要信什麼呢？信我們此心，信一切眾生皆是佛，心即是佛，我們都有心，所以一切眾生都是佛。只是我們找不到自己，不明我們自己的心，不能自己見到自己的本性，因此隔了一層，矇住了，變成凡夫。

凡夫跟佛很近，一張紙都不隔的，只要自己的心性見到了、清楚了，此心就無比的清淨。佛的一切經典，戒、定、慧，一切修法，不管是顯教的止觀、參禪、念佛或是密宗的觀想，念咒子各種修法，都是使你最後達到清淨心。清淨有程度的不同，所以有菩薩階級地位的不同，修學程度深淺的不同，也就是了解自心的差別程度不同。

說到信自心，我們都信得過啊！我的心煩得要死，這個信心煩惱，就是絕對的凡夫。無煩惱，無妄想，就是信心清淨，自然達到清淨的究竟；立刻可以見到形而上的本性，「即生實相」。實相般若就是道，明心見性就是見這個。

所以說要想明心見性，必須先要做到信心清淨，能夠生出實相。看了這個經文，知道須菩提明白的告訴了我們，因為他自己了解，才能說出這個道理，讓別人以及將來的人，聽到佛說這個道理，信心清淨，能生實相。

希有的功德

「當知是人，成就第一希有功德」。假定有一個人，研究這個經典，而到達這個程度，他說，這個人已經成就了第一希有的功德。第一希有功德的人是誰？我們在本經前面已經看到，須菩提讚歎佛：「希有世尊」。換句話說，這個人學佛就可以到達佛境界，因為這個人已成就了第一希有的功德。這個道理我們先要把握住，下面，他解釋什麼叫實相。

我們講《金剛經》開始，就解釋了般若智慧，一共有五般若，最難的就是實相般若，就是見道之體。實相般若就是菩提、涅槃、自性、真如，各種名字都是講這個東西。你如果認為實相般若不曉得有多大，有沒有鳳梨那麼大，有沒有蘿蔔那麼大，那你就著相了，那就很糟糕。須菩提叫了一聲世尊，自己又加解釋，說出他自己的心得。

世尊。是實相者。即是非相。是故如來說名實相。

這個「是」，青年同學們特別注意，這是古文的寫法，拿現在白話文說，這個「是」就是「這個」，所謂這個實相這個東西啊，是無相，即是非相。我們應該還記得，前面佛也說過，「若見諸相非相，即見如來」。所以，不著一切相，無我相、無人相、無眾生相、無壽者相等等，都不著相，乃至無佛相，也無非佛相，一切相皆不著，連不著相的也不著了。

實相又是什麼呢？「即是非相」。分析開來講，無我相、無人相等等；歸納起來講，若見諸相非相，即見如來。所以他報告心得說，所謂實相，就是一切無相。在無相的這個成就中，佛勉強給他一個名稱，叫作如來實相。

世尊。我今得聞如是經典。信解受持。不足為難。

須菩提的意見，再度的報告說：我啊，就是在佛在世的時候，能親自跟著佛，今天能聽到這種經典道理，「信解受持」，信得過了，解悟到了，再經常領受這個實相境界，隨時隨地在這個境界裡，以此悟後起修。

「信解受持」也是四個修行的階段，就是後世所有對佛經的解釋。信解受持也就是教、理、行、果。「信」，把佛經的所有的教理信得過了；「解」，解悟到佛學的各種義理；「受持」，悟道以後起修，修行以後證果。教、理、行、果另有一個說法，叫作信、解、行、證。自心信這個理，解悟到了，悟道以後修行，修行以後最後證到佛的道果。所以信解受持，教理行果，信解行證，是同一個修行的情形，這四個字不能隨便當一句話唸過去。須菩提說，像我們現在親自跟著佛，聽到這個道理，「信解受持，不足為難」，不希奇。因為他們當時親自見到佛，有佛親自指導，當然是不足為難。

誰是五百年後希有人

若當來世。後五百歲。其有眾生。得聞是經。信解受持。是人即為第一希有。

將來過了五百年，為什麼說五百年呢？為什麼不說一千年呢？或者三百年呢？這就是佛自己對於佛教的說法。佛在世的時候，叫作正法住世；佛涅槃以後，而有些大弟子們還在，仍算是正法住世。五百年以後，是像法住世，那時佛的大弟子們活得最久的，五百年也都要涅槃了，不住世了。自此以後，只有經典、佛像等住世，所以說是像法時代。據說像法也不過五百年到一千年，以後就是末法時代，就是尾巴啦！尾聲啦！末法並不是說沒有，是說真正佛法的修持，快要到尾聲，快要向末了，這是在各種戒律上，各種預言上所記載佛所講的。

但是也不盡然，譬如說在許多大經中所講，如在《華嚴經》裡，佛就承認佛法沒有沒落的時候，什麼道理呢？因為佛法是真理，真理是永恆的，真理只有一個，不會變的，是不生不滅，不增不減的。所以大家可以放心，否則現在早過了五百年，大家豈不是更難了嗎？這裡須菩提說，假使後五百歲，有人在像法末法時代，看了這個經，研究了這個經，也能與古人與須菩提及佛大弟子們一樣，達到了信解受持，他說這個人就是第一希有。第一希有是《金剛經》特別提出來的，第一希有就是了不起，超凡而入聖，第一希有就是幾乎等同於佛。

何以故。此人無我相。無人相。無眾生相。無壽者相。

在佛及大弟子們都不在世的時代，有人研究這個經典，這個人當然已經進入無人、無我、無眾生、無壽者相的境界。四相皆離，不著一切相的境界，他本身已經到達了。

為什麼我不是我

所以者何。我相即是非相。人相眾生相壽者相。即是非相。何以故。離一切諸相。即名諸佛。

這兩句話千萬注意！如果參加佛學考試，一定會考到的。「所以者何」，這是什麼理由？所謂我相，本來是非相，是假相，下面接著人相眾生相都是假相。佛學說的這個「我」，就分析來看，我們現在一定是有個我，有個身體，佛學說這個身體是四大假合之身，骨頭呀，肉呀，這些東西湊攏來而成的暫時的我。而且生下來到了第二天，那個第一天的我已經衰老了，滿月以後，與第一天生下來也完全不同，十歲與一歲也完全不同。總而言之，我們今天坐在這裡，十二年以後的我們，全身連骨頭都換了。所以這個肉體不是我，是假我，這是個工具，暫時借來用。等於這個電燈泡，暫時借來用一用。所以此身非真我，是非相，假相，不要認假為真了。

身體的我既非真我，那麼我們的思惟意識、念頭是不是我呢？也不是，因為每一分，每一秒思想意識都會變去。尤其年齡大的時候，過去幾十年，甚至現在說的話，都隨時忘記，所以說能夠思惟、意識、念頭的，也非我，這些都不是我。「我」都尚且非我，哪裡還有你、我、他！那都是非我，一切無相。萬有的相是因緣湊合，是假合的虛妄相，不是真實。但是虛妄不是沒有，只是偶然暫時的存在而已。所以說「我相即是非相」；推而廣之，人相、眾生相、壽者相也都是非相。這部經使我們同時認清，不要被虛妄的人生，和物理世界的暫時現象，騙去了自己的智慧，騙去了自己真性的情感。

真性的情感這句話，有沒有問題呀？有問題！真性怎麼會有情感，真性不是沒有情感嗎？所謂情感者，即非情感，是名情感。情感也是虛妄相，但是，如果佛沒有情感，佛不會發大悲心，大悲心即是情感心。不過，佛的情感不是癡迷的，一切相即是非相，真正的悲心，沒有悲心的痕跡，只是理所當然而行去，道理就是如此。

如何見佛

接著是一句非常重要的話，大家要學佛，去哪裡見佛啊？「離一切諸相，即名諸佛」，離開了一切的相就是佛，這是真正的佛。那麼我們在大殿上不需要拜佛了嗎？要拜呀！即假即真。相是虛妄，因為禮拜這個虛妄相，你自己此心有真正的誠懇，發起了真實的誠敬，那就是「信心清淨」，就「即生實相」。這個實相的境界就是「離一切諸相」，一切相皆不著。所以，有人不著相的禮佛，就是一念之間，也不必合掌，也不必跪拜，他一念之間，已經頂禮了十方三世一切諸佛。

有一個禪宗公案，說有一個小孩子要小便，跑到大殿上轉來轉去，後來對著佛的正面，他就小便了。有個法師出來看到說：你這個小孩太沒有禮貌，怎麼對著佛就小便？小孩說：十方三世都有佛，你叫我向哪一方小便呀？

反過來說，十方三世都有佛，方方都是佛，中央是毗盧遮那佛，中心一念誠敬，十方三世諸佛皆在目前。怎麼樣在目前？「離一切諸相，即名諸佛」，這個道理必須要搞清楚。

這多半是須菩提在那裡演講，講給佛聽，佛是聽眾。換句話說，是他向佛報告，接著是佛的印證，佛的獎狀發下來了。

難得的人

佛告須菩提。如是如是。若復有人。得聞是經。不驚不怖不畏。當知是人。甚為希有。

佛說，是的，就是這樣，你講得很對，就是這樣。未來世的眾生，有人聽到《金剛經》的道理，沒有被嚇住，那就是一個希有的人。驚是嚇住了，怖是精神恐慌，非常恐慌。譬如我們走夜路，看到一個黑影子，一下子嚇住了，那個是驚。怖呢？非常恐慌，持久的心裡恐嚇，那個是怖。畏，時間更長了，不停的害怕。像我們在座的，個個都是第一希有，聽了《金剛經》不驚不怖不畏，而且沒有不懂的人，個個都懂了。

事實上有沒有又驚又怖又畏的人呢？這在修持佛法的時候就看到了。我們很多人學佛，都想求空，等到空的境界一來，反而嚇住了。許多人說：我嚇死了，嚇得我的汗啊，像黃豆那麼大，因為我沒有了。我說你學佛不是想求個無我嗎？怎麼還嚇住了呢？所以說慧，這個佛學名辭，用得非常好，慧是要力量的，慧力不夠，功德的功力不夠，就有驚、怖、畏的現象。

將來的時代，有人成就《金剛經》般若這個法門，不驚、不怖、不畏，佛說，這個人，真是非常難得了。佛說這個希有，就很重，佛給我們的這個獎金就很重了，非常希有，幾乎不可能，如果可能了，就是超凡入聖。

何以故。須菩提。如來說第一波羅蜜。即非第一波羅蜜。是名第一波羅蜜。

何以故？什麼理由呢？《金剛經》的特點，是使我們知道無住、無相、無願，這是大乘的心印。此心要隨時無住，隨時不著相，隨時隨地的無願。你說正要我們發大願，怎麼無願呢？大慈悲當然是願力，慈悲過了就不住，沒有叫你一天到晚坐在那裡哭啊！過了就不住，所以說願而無願。

「第一波羅蜜」是大智慧成就，大澈大悟，成佛，也就是般若實相。般若實相本來無住，本來無相，本來無願。當然大家不要會錯了意，青年同學們根本發不起願力，以為你本來無願，已經合於佛法了，那就很糟糕。無願，就是一切大慈悲用過了便空，無住。因此說，「第一波羅蜜，即非第一波羅蜜，是名第一波羅蜜」。第一波羅蜜也就是般若，大智慧；而般若裡的實相般若，就是見道之體，也就是我們後世禪宗所謂的明心見性。

什麼是忍辱

須菩提。忍辱波羅蜜。如來說非忍辱波羅蜜。是名忍辱波羅蜜。

問題來了，前面一路下來都是講般若，是菩薩六度裡最後的一度——智慧成就。所謂的六度也已經說過，就是布施、持戒、忍辱、精進、禪定、般若。換句話說，這也是學佛的一個次序。

首先，學佛的要學布施，布施就是能夠捨；捨並不是叫你光把口袋裡的錢掏出來，而是一切的習氣都要捨掉、改變、丟掉，把整個人生轉化。放下也是捨，萬緣放下就是布施，這是內布施。真布施了，此心清淨，才算真持戒；心不清淨的持戒，那是小乘戒，是有意去造作的。作到了此心清淨，念念清淨，不需要持戒了，因為他本身就是戒了。戒者，戒一切壞的行為，惡的行為，此心念念在清淨中，無惡亦無善，是名至善。這就是持戒，持戒還好辦，忍辱最難辦。

你說自己心也很清淨，戒律也很好，那是當你沒有受到打擊的時候，打擊一來啊，就火冒八丈高了，也管不了清淨不清淨，什麼毛病都出來了。所以忍辱是六度的中心，因為那是最難最難的。也因為這個原故，大乘菩薩必須進入無生法忍，才能登上菩薩地。

無生者，本自無生，信心清淨，一念不生處。這個一念不生處，不是壓制的，也不是沒有思想，沒有知覺，而是一切雜念不起，信心清淨就是無生。

光是無生是不夠的，要「無生法忍」，切斷一切萬緣叫作法忍。我們中國文學的形容辭是，拔開慧劍，斬斷情絲。有時我們劍是拉不開的啊！有時候又只拉一半，有時候劍拉出來了，看看劍卻愣住了。不要說斬啦，扯都扯不斷，那個劍早就鈍了。所以說，法忍也就是六度的中心，忍辱的意思。

首先我們來了解佛學忍辱的意思，看到一個「辱」字，我們會想到受人侮辱叫作辱，譬如別人罵你啦，打你啦，各種不如意的刺激，算是辱，這是從文字上的了解。在佛法上講，一切不如意就是辱，受一切痛苦就是辱。譬如我們老了病了，老病就是辱，老病招來自己許多煩惱，也帶給別人許多煩惱。不要說我們人是如此，你只要看看動物，拿螞蟻來說，你仔細觀察，年輕的螞蟻經過老化螞蟻的旁邊，都走得遠一點，這樣的辱，這樣的難堪忍。

所以，這個有缺陷的娑婆世界非常難堪忍，沒有一樣事情是圓滿的，而這個世界上的一切眾生堪忍，受得了；所以這個世界叫作娑婆世界，是堪忍的世界。也因為如此，這個娑婆世界上的眾生，才最能夠成佛，因為生在天堂沒有痛苦，沒有刺激，天天在享福，眾生也不想修道，用不著嘛！生在地獄裡，受苦受難都來不及，沒有時間搞這一套。只有生在娑婆世界，有苦有樂，有善有惡，各有一半，所以能夠刺激你產生解脫的智慧，是成佛的捷路。

忍辱並不是完全講侮辱，大家不要搞錯了，一切的痛苦能夠忍的都是辱。譬如我們這個世界上做生意的、創事業的，乃至發財的，你問他這個日子好不好過？他一定說不好過。受不受得了呢？有什麼辦法呢？反正能夠忍得住就這樣忍下去；所以說娑婆世界的眾生堪忍，能夠忍受。

佛跟須菩提兩人對話到這裡，如果不仔細看這個經，突然看他在中間來一個忍辱波羅蜜，會覺得奇怪。所以剛才我先提起大家注意，這一部經把六度波羅蜜都講完了，為什麼現在提出這個忍辱波羅蜜呢？

忍辱的榜樣

我們要想學佛，要想修行成就，「忍」是最難做到的，就像打坐修定，為什麼定不住啊？兩個腿痛，你就忍不住了，這個忍就是忍辱裡的一忍啊！當然硬忍是很難，但是你明明知道此身兩腿兩手，四大皆空，那個時候你就是空不了，忍不過去。所以這六度的一關忍辱度，你就過不了，過不了的話，這一切皆是空談。你說我們會唸《金剛經》，無我相、無人相、無眾生相、無壽者相，木魚敲起來非常好聽……哈啾！糟糕，我感冒了，怎麼辦？看哪個醫生好？因為怕死掉，眾生相就來了，壽者相就來了，這一下就忍不過去了。

所以忍辱的道理，放在《金剛經》的中心，大家要特別特別注意！佛把自己本身修持的經驗告訴我們，做個榜樣。所以佛說，真正智慧徹底悟道的人，才曉得忍辱波羅蜜本身沒有個忍。如果有堅忍的念和感受在那裡，就已經不是波羅蜜，就已經沒有到彼岸，也沒有成就。

何以故。須菩提。如我昔為歌利王割截身體。我於爾時。無我相。無人相。無眾生相。無壽者相。

什麼理由呢？佛又對須菩提說，以他本身做榜樣，像我從前的時候，曾經被歌利王割截身體；歌利王是過去印度一位名王，不過印度不注重歷史，這種歷史資料只有在佛經裡才找得到。

這位當時歷史上的名王非常殘暴，那個時候，釋迦牟尼是個修道的人，相當有成就，到達菩薩地了；雖然是緣覺身，無佛出世自己也會悟道，後來歌利王因鬧意見要殺釋迦。他說，你既然是修道的人，我要殺你，你會不會瞋恨？釋迦佛說：此心絕對清淨，假使我起一念瞋心，你把我四肢分解割掉後，我就不能復元，結果歌利王一節一節把他割了。釋迦牟尼沒有喊一聲哎唷，心裡頭也沒有起一念恨他的心理，只有一念慈悲心。完了以後，歌利王要求證明，釋迦牟尼說，假使一個菩薩的慈悲心是真的話，我的身體就馬上復元，結果他立刻復元了，又活起來。

這個故事比耶穌的復活厲害多了，所以佛說，昔為歌利王割截身體，他在當時無我相、無人相、無眾生相、無壽者相。佛把自己本身的故事，說給我們修行的人做個榜樣，當然，並不希望我們被別人割了作試驗。現在不必談割截身體了，叫你不說話你就受不了，叫你坐著不動也受不了，其實這個就是忍辱與禪定、般若的道理，只因為智慧不夠，悟道並沒有透徹，所以你受不了。

達摩與蘇格拉底

剛才講到忍辱波羅蜜，我們再提起注意，所謂忍辱，包括了人世間一切的痛苦，一切的煩惱，忍到沒有忍的觀念，沒有忍的心理，忍到無所忍，自然而清淨，這才是忍辱到達波羅蜜成就的程度。所以佛說，當我被歌利王割截身體的時候，他說他無我相、無人相、無眾生相、無壽者相。首先他沒有覺得這個生命是屬於「我」的，這一句話特別注意啊！我們這個身體是屬於我們暫時所有，是暫時附屬於我，並不是我真正永遠佔有的，因為此身本來不是我。要把這個道理，不僅理解清楚，還要實際上證到，才信心清淨，才有希望證得般若實相，這是真正的工夫。

但是工夫又是什麼地方來的呢？般若見地來，智慧不透徹不能大澈大悟。大澈大悟是智慧的境界，並不是工夫的境界，如果叫工夫的境界為大澈大悟，那就是氣象局發的警報，路上有霧，小心撞車的那個「霧」了，就看不見了。這個悟是清朗的，是智慧破除一切陰影的境界。

何以故。我於往昔節節支解時。若有我相人相眾生相壽者相。應生瞋恨。

說到這裡，先要有一個認識，佛現在所告訴我們的，不是假想，是一個實際的修持。無我相、無人相是智慧的解脫。譬如西方的大哲學家蘇格拉底，最後被人家謀害，拿到一杯毒藥，朋友們勸他不要吃，他明知道是毒藥，笑笑，仍然談笑風生，最後喝下去死掉。

又如中國禪宗達摩祖師，在中國傳道的末期，遭到其他法師們妒嫉，五次毒死他，都未成功。等到第六次毒他時，他把毒藥吃下去告訴弟子們，跟你們的因緣到了，我要走了。弟子們當然不讓他走，他說因緣已到，我已經吃下毒藥了。另外密宗的木訥祖師，最後也是被人毒死的。這些人都知道因緣已到，殺人抵命，欠帳還錢，應該走就走了。又如耶穌被釘上十字架等等，這些都是智慧的解脫。所以禪宗五宗宗派之一的法眼大祖師，有偈子說：

理極忘情謂　如何有喻齊
到頭霜夜月　任運落前谿

這個偈子有八句，我們引用要點，只說它的一半，理極就是真正的道理，智慧的領悟，理解、悟解到達了極點；忘情，這些妄念的情沒有了。這個境界是沒有辦法描寫的，沒有辦法講，沒有辦法說，理到了極點，智慧到了極點就是「理極忘情謂」。後面幾句是描寫無我相、無人相等等的境界，自然而然，理到了，事也到了。

所以佛教的華嚴境界，又稱「理無礙，事無礙，理事無礙，事事無礙」，理到了也是無有障礙，所以光是研究佛學就不能在修持上得受用。大家把三藏十二部的教理，沒有融會貫通，沒有到達理極，所以我相、人相仍在。像佛說的身體被人家殘害，而只有慈悲心，不動瞋念，到達忍受沒有痛苦的境界，這是理的境界，智慧的成就。

忍辱的工夫

說到工夫的成就，就要提到南北朝時候禪宗的二祖，他儘管是接了達摩的衣鉢，最後還是受報；多生多世欠的命債，最後還是要還。佛法的基礎是三世因果，六道輪迴。另有一個祖師在被殺頭的時候，寫了一個偈子：

四大原無主　五蘊本來空
將頭臨白刃　猶似斬春風

他很慷慨的把頭伸出來，砍吧！此外像印度禪宗的祖師師子尊者，也是還債，頭砍下來沒有血，脖子裡沖出來像牛奶一樣，數尺高。這證明經過修持，色身已經轉化，再進一步白血化掉，他身體變成空的，殺頭也殺不了啦！

在色身還沒有變空以前，受報被殺了，像殺頭，不流血，只流白乳的情況，並沒有痛的感覺，所以那個不算忍辱。忍辱的時候有痛的感覺，有非常痛苦的感受，而心念把痛苦拿掉，轉化成慈悲，這才是忍辱波羅蜜。到達沒有痛的感覺，那是工夫境界，不能說是忍辱波羅蜜的功德。儘管工夫到達這一步很不容易，但是這個工夫不希奇，等於我們上了麻醉藥，開刀不會痛，那不能說是你本事好不痛啊！如果沒有上麻醉藥，極痛而能不痛，那是你真正的智慧成就，你當場就可以把五蘊裡的受蘊與想蘊，都拿開而解脫了。學佛也是要學解脫，這個道理我們必須加以說明。

所以菩薩道的忍辱是有形相的，痛苦是痛苦，煩惱是煩惱，能夠把煩惱、痛苦觀空而轉化了，就是道德的行為，是心理上的心性，這才是菩薩的功德。因此我們學佛的人注意！別人態度不好，或一句話不中聽，馬上起計較心，乃至起瞋恨心，你所有的工夫、修道，都垮掉了。青年同學們注意，不要聽了講忍辱，就萬事不做，自以為那是忍辱；要入世忍人所不能忍，行人所不能行，才是修菩薩道的基本精神。菩薩是積極的，不管自我，只有做利他的事，而入世利他是非常痛苦的，也是非常煩惱的。要處處犧牲自我，必須有無我相、無人相、無眾生相、無壽者相的境界，忍人所不能忍，行人所不能行，才是真正大乘道的忍辱精神。譬如說，佛為什麼讓人家割他的身體？他是為了證明給世人，修證佛法確有其事，這個道理我們一定要曉得。

須菩提。又念過去於五百世。作忍辱仙人。於爾所世。無我相。無人相。無眾生相。無壽者相。

他再告訴須菩提，回想過去五百生以前，專修忍辱。他說那一生的修行，專做忍辱工夫，的確達到了無我、無人、無眾生、無壽者，不著相。所以他強調一句話，怎麼樣學佛。

是故須菩提。菩薩應離一切相。發阿耨多羅三藐三菩提心。

這就是學佛的精神，換句話說，不要被一切現象騙了，或迷惑了。有個廟子，有個房子，有件衣服，有個地方，這些都是相；此心不要被佛堂、房子、財產或名譽所迷戀了。所以前面曾說，「離一切諸相，即名諸佛」。大乘菩薩走大乘的路，應該離一切相，發起求大澈大悟菩提之心。

無所住的心

不應住色生心。不應住聲香味觸法生心。應生無所住心。若心有住。即為非住。

學佛做工夫的人，大家就要注意了，我們在做工夫學佛，好像就在這色、聲、香、味、觸、法六樣裡面滾，就在這六根六塵之中打轉。你千萬記住，「不應住色生心」，一切境界，一切現象都不是，那是我們後天的，是心理上、生理上、精神上的幻化。「不應住聲生心」，聽到聲音當成佛菩薩對你說話，耳朵裡最容易發起聲音，走上這個路子，佛都救不了你。你看戒律的部分，佛在世時，很多人走上這個路子，佛只好放棄他們。所以不應住色、聲、香、味、觸、法生心，一句話就是重點，要學佛的人，離一切相，「應生無所住心」，要隨時觀察自己，觀心，要使此心無所住。如果心心念念住在某一種東西上，或住在某一種習氣上，始終不能解脫，就是走入魔道了。佛法初進中國時是「磨」字，意思是折磨你的。後來齊梁時代改成魔鬼的魔，因為講魔鬼大家會害怕小心一些，所以千萬千萬注意，離一切相，應生無所住心。

接著下去，我們很多學靜坐，及觀心法門的同學要注意了，「若心有住，即為非住」。你們做觀心的工夫，做靜坐的工夫，心境上有一個清淨在，你心住在清淨，已經不清淨了，至少那個清淨是非常狹小的。還有些人覺得空了，他那個空啊，不過是水桶那麼大，也許比水桶還小一點，都是你意識上一個境界，不是真正的空。這就是心住相，著相，著在一個空的現象上，有所住，是錯誤的，錯誤的空觀，錯誤的住心法門。若心有住，可以訓練意識專一，比較能夠寧靜，但是認為這個有相的，水桶那麼大的空或者清淨，就是道，那不是你騙了道，就是道騙了你，也許你騙了釋迦牟尼佛。所以「若心有住，即為非住」，這是最好的觀心法門。

如何布施

是故佛說菩薩心。不應住色布施。

為什麼講忍辱，一下子又跳到布施來了呢？就是講課一開始跟大家提醒的，布施、持戒、忍辱，是連貫連下來的，不像現在的文章條理化、科學化。過去的文學行雲流水，看起來漫無次序，好似一個不規律的排列，但是卻構成不規律的美。所以說，「菩薩心不應住色布施」，就是不應著相，住色法的布施是有形的，非常著相。用白話文來講，就是一切受物理、環境影響的東西，都要把它放掉，萬緣放下，就是不住色布施。

須菩提。菩薩為利益一切眾生故。應如是布施。如來說一切諸相。即是非相。又說一切眾生。即非眾生。

佛再三的告訴須菩提，佛法大乘菩薩道的精神，就是為利益一切眾生而有所作為，一切一切的作為，都是處處犧牲自我，成就他人；「應如是布施」，應萬緣放下，利益他人的身心。為什麼人放不下呢？因為不肯真正布施，因為眾生著相。

「如來說一切諸相，即是非相」，不要著相，相停留不住的，都是非相。譬如我們人最著相的，是希望自己多活幾年，尤其是中年以上的人，壽者相。但是生命留得住嗎？一切諸相，即是非相。這些現象，不是你要留就能夠留的；它本身留不住，本來無住，本來不可著相的。凡夫眾生之所以為凡夫眾生，是明明知道這個道理，尤其是學佛的人，都非常清楚，但他心中仍在想：留不住的都是他們，我大概能留得住吧！總覺得自己不同一點，比不學佛的還可憐。所以我經常提到我那袁老師的詩，「五蘊明明幻，諸緣處處癡」。說學佛的人，明明知道五蘊皆空，但是啊，自己到處癡迷重重。這就是因為行不到的原故，行不到就不是修行人。修行是行，行為上的行。

所以佛「又說一切眾生，即非眾生」。再進一步說，不但無我，也無人，也無眾生。有些年輕人，自以為有了大乘的精神，又不肯自修，我就常常勸他們，你先求自修啊，自修好了，再來度人，你連自修都沒有修好，怎麼去度人呢！這也是我經常感嘆自己的，本欲度眾生，反被眾生度。自己都沒有學好，度個什麼人啊！只怕你自己不成佛，不怕你沒有眾生度。眾生愈來愈多，有的是事需要你去做的，自己修行沒有基礎，何必急急忙忙去度人呢？

徹底的說，眾生不要你度，個個自己會度，有些菩薩們度眾生，決不是說法，反而加重眾生的苦頭，等他吃夠了苦頭，受不了，他自會回頭的；這也是一個度人的法門，並不一定要教他打坐學佛。

因為有些年輕的同學們，心心念念在學佛，而且發瘋一樣的想成佛，成佛幹什麼？要度眾生；眾生自己會度，不要你度！「又說一切眾生，即非眾生」。你要曉得佛法的理，一切眾生皆是佛，你去度佛幹什麼？每個眾生都是自性自度。所以六祖悟道以後，對他的師父講：迷時師度，悟後自度。眾生都是自性自度，在佛教早晚功課中要念「自性眾生誓願度，自性煩惱誓願斷」，都是自性自度。

佛怎麼說話

須菩提。如來是真語者。實語者。如語者。不誑語者。不異語者。

一共五種語，說明佛說法是真實的，不說假話，說的是老實話，實實在在，是什麼樣子就說什麼樣子。「真語」、「實語」，都容易了解，但什麼是「如語」呢？不可說不可說，閉口不言，其聲如雷，這個就是「如語」。「如」者如同實相般若，生命的本來畢竟清淨，清淨到無言語可說，就是如語，所以佛是「如語者」。

全部的《金剛經》說的就是如語，所以佛說了半天，又說他說法四十九年，一個字都沒有說，這就是如語，是不可說不可說。

「不誑語」，是不打誑語；「不異語」是沒有說過兩樣的話。我們把三藏十二部大小乘經典拿來看，兩樣話都非常多。但是再仔細研究，他只說過一個東西，沒有說過兩樣，這一個東西說了四十九年還說不清楚。所以佛說他沒有說過一句話，這是如語。在這部經典，佛為什麼要像賭咒一樣，怕人們不相信，說他從來沒有說過不老實的話呢？這是教我們信心清淨，要切實相信，切實相信一個真正的佛法。這個佛法是什麼樣子呢？

無實亦無虛

須菩提。如來所得法。此法無實無虛。

真正的佛法就是這一句話，佛把徹底的消息都告訴我們了。有一個東西可得嗎？得到個什麼？如果買一個蘿蔔，買一個南瓜，還有個東西可以帶回來；但是得道得一個什麼都沒有！「無實」，沒有個東西；「無虛」，但是不假的。所以形而上的道理，真正的佛法，不真不假，也就是《金剛經》的中心重點，這裡已經全部點出來了。由布施、持戒、忍辱到般若的成就，告訴你真正佛法的修持，不住、不著相、不執著，放下萬緣。

放下就對了嗎？放下的也不對！所以馬祖告訴弟子們，放不下就提起來！提起來，心有所住；心有住，即為非住，提也提不起來。

大家用功的人，也都是提也提不起，放也放不下。有一個同學來問：老師啊！我現在提也提不起，放也放不下。我說：那你不是成佛了嗎？我要向你磕頭了，你已經到了無實無虛嘛！這個情形不是提不起放不下，他那是鬧情緒，悶在那裡，那就不對了。真懂得提也提不起，放也放不下，就是懂得了無實無虛。換句話說，到這個時候，要提起就用，不提起就放下，就是這樣簡單。所以真正的佛法是「此法無實無虛」，佛講這一句好嚴重！他先向我們賭了一個咒，說：我一輩子沒有說過謊話，我說的都是老實話，你們要相信啊！你們聽我的啊！我告訴你，「此法無實無虛」，懂了就是你的，不懂還是我的，就是這個話。你要懂得當然是你的嘛！他說的都是老實話。「此法無實無虛」。

須菩提。若菩薩心。住於法而行布施。如人入暗。即無所見。若菩薩心。不住法而行布施。如人有目。日光明照。見種種色。

他進一步告訴須菩提，他說修菩薩道的人，心執著一個佛法可得，一個佛法可修，執著了佛法的一種法就錯了。隨便舉一個例子，許多學佛修道的人，都說：唉！我萬緣放下了。問他：那你現在幹什麼？他說：現在就是修道呀！對不住，一點都沒有放下。學佛修道不是萬緣裡頭的一緣嗎？難道是萬緣以外的一緣嗎？這就是說，你是有所為修，有形相去做，這是「菩薩心住於法而行」，這個人永遠不會見道。

等於人閉上眼睛，到了一個黑暗的房間，他看不見了，永遠摸不出來。假使真想明心見性、見道，「若菩薩心，不住法而行布施」，也就是一切無所住，才是真正的解脫，真正的放下，此人絕對可以見道。等於這個人有了慧眼，有了眼睛，又在太陽底下，當然萬象森羅，什麼都看得很清楚。

無量無邊的功德

須菩提。當來之世。若有善男子。善女人。能於此經受持讀誦。即為如來。以佛智慧。悉知是人。悉見是人。皆得成就無量無邊功德。

阿彌陀佛！我們跟佛客氣一下，你老人家言重了，對我們太好了。他告訴須菩提，「當來之世」，將來的時代，一個善男子，或者一個善女人（功德、智慧有成就者，才算是善男子善女人），能夠接受這部經典的般若要義，照此修行，甚至深入義趣的讀誦，這個人就等於是佛。這句話多嚴重啊！所以我說，佛啊！你老人家言重了，不敢當。我們唸到這裡，應該要加一兩句話，佛啊！對不起你老人家，實在不敢當，因為他說，真能夠這樣即同如來。

但是佛的話，為什麼講得那麼客氣？那麼嚴重？這是有道理的，我們引用《楞嚴經》兩句話就可以了解，「若能轉物，則同如來」，這是佛說的。

後來禪宗的達摩祖師也說過，「一念回機，便同本得」。這就是說，能夠對《金剛經》的道理都了解了，以此修行的，就相同於佛的行。這並不是說你就是佛，是等同於佛。以佛的智慧，完全可以了解這樣的人，了解他對於《金剛經》般若智慧如此透徹，這樣的人「皆得成就無量無邊功德」。

這一篇的一個結論，就是大智慧的一個成就，理解到證悟到智慧的成就，才能夠發起心地修行的作用。以智慧悟道，起心行的作用，修忍辱行，在苦海茫茫中，做利益一切眾生的事，就能成就無量無邊功德。結論偈子：

第十四品偈頌

優曇花發實還無　塵剎今吾非故吾
笑指白蓮開處看　污泥香裡養靈珠

「優曇花發實還無」，優曇花就是曇花，佛經上經常引用。在中國內地難得開花，在台灣都看過曇花，色、香都好，但卻非常短暫，所謂曇花一現。當曇花開到最香的時候，就是它凋落的時候，所以佛經經常用曇花來形容。

站在宇宙看人類的歷史，幾千萬億年的時間，也只是曇花一現。大家活了幾十年，回頭一看，幾十年像曇花一現，非實非虛，非真非假，即空即有，要從這個角度去體會。修持佛法有沒有真成就的？絕對有！但是不能著相，非實非虛。所以，像優曇花開了，當時是有嘛！又好看又好香；馬上沒有了，又是空了。但是你說空了是沒有嗎？不是沒有！塵塵剎剎，這是佛學名辭，物質世間就是塵，剎代表一切土地。

「塵剎今吾非故吾」，這個物質世間現在的我，不是以前那個我，不是前生的我，也不是來生的我，這個我是假我，今吾非故吾，不是我生命本來的那個生命。離開這個現在的我，才可以找到本來常樂我淨的那個真我。生命的真我往哪裡找呢？

「笑指白蓮開處看」，所以佛經上叫我們往生西方極樂世界，蓮花化生，尤其佛重白色的蓮花，八葉巨蓮。蓮花不在好的地方成長，愈髒愈爛的泥巴裡頭，蓮花愈開得茂盛。

「污泥香裡養靈珠」，大乘的精神是入世的，要到最稀爛的地方修道，才能成功；跑到高山，跑到清涼的地方住茅蓬，成不了道啊！那是道要成你，不是你要成道。

第十五品 持經功德分

須菩提。若有善男子。善女人。初日分。以恆河沙等身布施。中日分。復以恆河沙等身布施。後日分。亦以恆河沙等身布施。如是無量百千萬億劫。以身布施。若復有人。聞此經典。信心不逆。其福勝彼。何況書寫受持讀誦。為人解說。須菩提。以要言之。是經有不可思議。不可稱量。無邊功德。如來為發大乘者說。為發最上乘者說。若有人能受持讀誦。廣為人說。如來悉知是人。悉見是人。皆得成就不可量。不可稱。無有邊。不可思議功德。如是人等。即為荷擔如來。阿耨多羅三藐三菩提。何以故。須菩提。若樂小法者。著我見人見眾生見壽者見。即於此經不能聽受讀誦。為人解說。須菩提。在在處處。若有此經。一切世間天人阿修羅。所應供養。當知此處。即為是塔。皆應恭敬。作禮圍繞。以諸華香而散其處。

最難的布施

須菩提。若有善男子。善女人。初日分。以恆河沙等身布施。中日分。復以恆河沙等身布施。後日分。亦以恆河沙等身布施。如是無量百千萬億劫。以身布施。

什麼叫「初日分」？「中日分」？「後日分」？這是印度的習慣。印度這個民族不太注重歷史，覺得過去的就過去了，未來的還沒有來，記那麼清楚幹什麼。對於數字一個、兩個，一萬個、兩萬個，開口就是八萬四千，就是很多的意思。印度一年分三季，以四個月做一季，也是一年十二個月。佛經上講時間，一天分三時，就是三個階段。初日分就是上午，中日分就是中午，後日分就是下午，這三句話其實就是一天。

「以身布施」很難啊！譬如我們現在輸血給人家，或者把眼角膜捐給人家，或有人受傷，需要一塊皮去補，把自己身上割一塊去幫他等等，都是身布施。另外媽媽生孩子，父母帶孩子也可以說是身布施，不過看不出來，還布施得很願意，很高興呢！勞碌一輩子，最後被兒女罵一頓，說你這個落伍的老頭子，愈罵愈高興，這就是作父母的布施。其實嚴格講起來，這不算布施，因為父母的愛兒女，是基於自己私心的愛。又如你愛一個人，願意為他服務，算不算布施呢？這是布施的行為而已，實際上，這是你的癡心，貪瞋癡慢疑的癡，愚癡的癡。我們常常引用龔定盦的兩句詩，「落紅不是無情物，化作春泥更護花」。真布施是捨掉自己捨不得的，是一種自我犧牲。譬如說只有砍掉我的膀子，才能夠治好你，我願意砍掉給你，忍人所不能忍，行人所不能行，這是布施。所以以身布施，非常難。

為什麼這裡提到身布施呢？大凡人生在世，有兩件事情最難布施，第一件是錢財。我們常聽四川朋友講一句笑話，「錢、錢、錢，命相連」，那個錢真是與生命一樣要緊，所以錢財最難布施。但是等到要命的時候，絕對慷慨的把錢財付出去，只要保命就好了。

第二件是身布施難。最難布施的是「我」。佛現在講，假使有一個人，

「以恆河沙等身布施」，什麼是「恆河沙等身布施」？我們一個身子犧牲了，算是一個身體布施，自己死了以後，再來投胎，那個身子再來布施，生生世世都拿生命來布施，犧牲自己，為社會為眾生，這是以恆河沙那麼多的生命來作布施，這個是講數量之多，犧牲不只一次，犧牲像恆河沙那麼多次數，這是講生命的布施。

老人的救生圈

其次講時間，連續的布施，投胎再來，又來還是為眾生再布施，再來還是布施，經過百千萬億那麼多的劫數，都是以身布施，行菩薩道，這個功德你說有多大？所以有一點大家要注意，常有人問我是不是佛教徒，我說我什麼都不「教」。為什麼呢？我沒有資格當佛教徒，因為我沒有辦法以身布施。

世界上很多不是佛教徒的人，所行的反而真是菩薩道。我曾告訴大家，二三十年前，我在基隆的時候，一條船在海上碰到了颱風，那是海軍拍賣的舊船，快翻了，一個有肺病的人在船上，水手拿了一個救生圈給他，他看見一個女的抱著一個小孩，在喊救命，就把救生圈套上了母子倆個，自己就不要了。那個船員上來看到，急得不得了，東找西找又找一個救生圈丟給他。他一轉身，看到一個年輕人在找板子，東找西找，很危急的時候，他又把這個救生圈給這個年輕人了。他說你年輕還有用，我又老又病，沒得用了，最後他犧牲了。這個就是菩薩，在危難的時候，沒有考慮到自己。

所以我說我不是佛教徒，不能以身布施，你假使多跟我談一下，我就不高興了，心想怎麼搞的！不停的講，我都累死了。這就是不肯以身布施，對不對？假使有人要你幫忙，多跑一點路，哎呀！我那麼大年紀，還給你跑，這也是不肯以身布施。所以真正學佛，以身布施是一件非常難的事。

布施兩個字不可以輕易談，你說這裡出十塊錢，那裡出一百塊錢，是布施嗎？你是算過的，這一百塊錢拿出來，對自己沒有什麼影響，因為還有八千一萬在身上，所以，那不算布施。只有自我犧牲去助人救人，才算是真布施，所以真正的布施之難，這一點需要注意。至於有些人布施了一點錢，還希望留下一個名字，走過來看看，啊！我都布施了，怎麼還沒有名字？那個不是布施，而是施布了，布施倒過來了。所以學佛要了解布施之難，真布施需要真放下。這裡談布施沒有提到錢財，只說以身布施，這樣一個人，無始劫來以身布施，這個功德當然很大，但是佛又說了：

信心不逆的福報

若復有人。聞此經典。信心不逆。其福勝彼。何況書寫受持讀誦。為人解說。

佛說，假使有一個人，拿自己的生命布施，經過無窮無數的時間，只有布施，不要求收回來，這個人福報當然很大。可是，如果有一個人，學了《金剛經》的法門以後，做到「信心不逆」，這一點是重點，徹底相信金剛般若波羅蜜大智慧的自性自度的道理，信得過自心自性；光信還不行，「信心不逆」，沒有違背，這個人的福德超過前面以身布施的福德。

信心不逆是很難的，許多人佛學的道理了解很多，但在行為上，作人做事上，都與佛法相反，都是違逆。譬如說勸別人勸得比唱得還好聽，哎呀，放下，看開一點……他自己放不放得開？你馬上逗他一下，他就看不開了。這就是信心有逆。要做到信心不逆，不是理論而是絕對的信心，照這樣去修行，那麼這個人所得的福報，超過前面所講的專門以布施為功德的人。更何況還有人對《金剛經》的佛法，廣事宣揚，乃至古代沒有印刷，只有抄寫，受持，接受了，照這樣修持，每天讀誦，為人家解說這個道理，這個福報比前面的還要大。

如來說給誰

須菩提。以要言之。是經有不可思議。不可稱量。無邊功德。如來為發大乘者說。為發最上乘者說。若有人能受持讀誦。廣為人說。如來悉知是人。悉見是人。皆得成就不可量。不可稱。無有邊。不可思議功德。

最要緊的一句話，這個經典的本身，有「不可思議」，想像不到，「不可稱量」，沒有辦法去量一下有幾斤重，或者多長。總而言之，它有無量無邊的功德，可是你們注意下面兩句話啊！這個功德那麼大，大家都研究了，大家都帶一個功德回去嗎？都沒有帶走，為什麼？因為此經「如來為發大乘者說，為發最上乘者說」，這個經典的內涵，是為真正發大乘心，大菩薩道的人說的，也是為最上上乘（不是普通智慧）的人而說的經典。他說假使有人能夠受持讀誦，當然，我們不一定是上上智，可是，能夠接受，讀誦研究這個經典，「廣為人說」，普遍向人家宣揚的話，「如來悉知是人，悉見是人」，佛完全知道這個人，佛可以給你證明，他完全可以看得見，完全可以了解這個人，「皆得成就不可量，不可稱，無有邊，不可思議功德」。他說，這樣的人，不久的將來，都能得到無量無邊的功德。什麼理由呢？

如是人等。即為荷擔如來。阿耨多羅三藐三菩提。

他說這樣的人，他就等於佛，他有責任感，把佛法的這個擔子挑起來，所以，他就有這樣大的智慧，這樣大的福德。只要你發這樣大的心，肯挑這樣大的擔子，就有這個功德，有這個智慧。荷擔什麼呢？阿耨多羅三藐三菩提，就是無上正等正覺，普通話叫作大澈大悟。他說挑負了這個擔子，自然有一天會大澈大悟。

你喜歡小法嗎

何以故。須菩提。若樂小法者。著我見人見眾生見壽者見。即於此經不能聽受讀誦。為人解說。

在《楞伽經》裡，把人的根性分類五種，有些人天生走小乘路子，喜歡修小乘法；你教他修大乘菩薩道，最上乘的法，他不能接受，也無法接受。等於學校的學生，很多人只能學到某種程度，因為他的智商不夠，只能受最低的教育。學佛法也是一樣，雖不是智商的問題，但是他的根器發心，喜歡走小的路子，弄點工夫啊，打打坐啊，打坐眼睛裡看到光啊，聽個聲音啊，哪裡氣跳啊，今天臉色又發光，明天腳又發熱，指甲發亮啊等等。這些就是所謂「樂小法者」。這種人的觀念思想，已經落在我見、人見、眾生見、壽者見。他們一切只是為「我」，希望在人中做個了不起的人，而且希望自己活得長壽健康，希望自己不死；至於大乘的法門，如何見性成佛，朝聞道夕死可矣，他們根本不予理會。所以，佛說這些樂小法的人，對於這個經典所講的真義，沒有辦法聽受，沒有辦法讀誦，更不會弘揚，為人解說。

須菩提。在在處處。若有此經。一切世間天人阿修羅。所應供養。當知此處。即為是塔。皆應恭敬。作禮圍繞。以諸華香而散其處。

佛說的這一本經，始終講這個經怎麼重要怎麼重要，現在告訴須菩提，在在處處，隨便在什麼地方，只要有《金剛經》這本經典在，不管世間的人，乃至天上的神，乃至阿修羅、魔王、魔鬼，都自然應該供養這個經典。有這本經擺在那個地方，等於有個佛塔在那裡，大家自然都應該供養，應該恭敬、頂禮，乃至拿香花供養。

我們說一句對佛不太恭敬的笑話，佛好像在做宣傳廣告一樣，這一本經啊，完全運用廣告的手法，說這個般若法門怎麼重要怎麼好，大家如果唸經唸到這裡，很可能會產生這個感覺，裡頭好像沒有講到什麼東西。可是裡頭是不是講了東西呢？這就是《金剛經》翻譯得特殊，說法特殊。他講的第一重點，請大家注意，「信心不逆」，他講一切相不住，一切心放下，就可以到家。可是人信不過，做不到；儘管嘴裡講可以放下，事情到來一點都看不開，更放不下。

所以我常常講的幾個字，我自己號稱十二字真言，人生都是「看得破，忍不過，想得到，做不來」，這就是信心有逆。第二個重點就是敢為佛法挑擔子，荷擔如來正法，挑大乘法門，承先啟後，繼往開來，在滔滔濁世中，要有這樣的精神。要頂天立地的站起來，為人類的文化，為眾生的慧命，而生存，而奮鬥。這樣的精神需要無比的忍辱，無比的犧牲，所以要懂得忍辱度，要懂得布施度，這就是重點。佛並不是只做廣告，把這兩個重點抓出來，再讀這一品，就知道它的意義所在了。偈子如下：

第十五品偈頌

躍馬投鞭星斗橫　一呼百諾作雷鳴

江山無恙漁翁老　何似靈山補衲輕

「躍馬投鞭星斗橫」，這是拿世間法來比方，英雄人物出來，像漢高祖、唐太宗、朱元璋這一類人等，騎在馬背上。投鞭是用秦王苻堅的典故，他帶兵打仗，幾十萬大軍，自稱投鞭斷流，部隊那麼多，馬鞭一丟，連河水都可以塞住不流了。星斗橫，天上的星星都被他震動了的樣子，威風驚天動地。

「一呼百諾作雷鳴」，一個人當了帝王那個威風，福報是太大了，隨便叫一聲，下面多少人答應，好像上天打雷一樣，這是說人世間作了皇帝，福報是最大的。所以人人都想當皇帝，但是這個不是真的福報，真的福報在哪裡呢？

「江山無恙漁翁老，何似靈山補衲輕」，天下太平，人人有飯吃有衣穿，無是非，都過著安定幸福的生活，而自己又懂得了佛法，穿一件百衲衣，破袈裟。從前和尚穿的百衲衣，現在很少看到，過去大陸上，許多專門住茅蓬的，身上穿的衣服，就像小說上畫的那個濟公活佛的衣服一樣，叫作糞掃衣。就是垃圾堆撿來的破布，一塊一塊把它縫起來，一針一針的縫起來，破了又縫，一身都是線的樣子，也叫作補衲衣，衲衣就是和尚穿的衣服。人生真正的福報，還是清福最難，如何享到這種清福呢？發上乘心、大乘心，由擔當如來家業發起，這一個大心發起，就有真正的福報。

第十六品　能淨業障分

復次。須菩提。善男子。善女人。受持讀誦此經。若為人輕賤。是人先世罪業。應墮惡道。以今世人輕賤故。先世罪業。即為消滅。當得阿耨多羅三藐三菩提。須菩提。我念過去無量阿僧祇劫。於然燈佛前。得值八百四千萬億那由他諸佛。悉皆供養承事。無空過者。若復有人。於後末世。能受持讀誦此經。所得功德。於我所供養諸佛功德。百分不及一。千萬億分。乃至算數譬喻。所不能及。須菩提。若善男子。善女人。於後末世。有受持讀誦此經。所得功德。我若具說者。或有人聞。心即狂亂。狐疑不信。須菩提。當知是經義。不可思議。果報亦不可思議。

被輕賤的前因後果

復次。須菩提。善男子。善女人。受持讀誦此經。若為人輕賤。是人先世罪業。應墮惡道。以今世人輕賤故。先世罪業。即為消滅。當得阿耨多羅三藐三菩提。

這是個大問題啊！佛告訴須菩提，假使有人誠誠懇懇學佛，研究《金剛經》，結果一輩子倒楣，為人輕賤。有人事業很好，生意也做得很大，功名也很好，偏要跑來學佛，我說你不要搞啊！這個事情不是好玩的，學佛就要倒楣的。他說菩薩會保佑發財；我說佛不管這個事，因為佛學是空道，你要學只有放下。當然也有些人學佛反而發了財，大部分都是遭遇更多困難。不但學佛如此，信別的宗教也是一樣的，很多人說自己一輩子做好事，結果倒楣透頂，什麼壞事都到他身上。歷史上司馬遷也懷疑這個問題，善人做好事，偏要倒楣；壞蛋個個好得很，身體又健康，精神又好又發財，又有辦法，這個世界上因果報應到哪裡去了呢？這是個大問題。

首先我們要了解，佛法的基礎是建立在三世因果，六道輪迴上。佛法講的因果是講三世，認為生命是連續不斷的，不止現在這一生，佛在別的經典裡答覆過這個問題。有人問過佛說，為什麼世界上有許多人做好事，結果卻那麼慘呢？佛說因為他過去的惡業還沒有報完，所以先還這個惡報的債。他現在又作好人又做好事，那是將來或他生來世要去收帳的。

講到三世因果，大家很不容易相信，因為看不見的原故。其實很容易看，我告訴你一個辦法，可不是神通啊！不要瞪起眼睛，以為有個法子傳你。你只要看看我們自己一生就曉得了，尤其我們在座中年以上的朋友，我們中年所遭遇的環境，是年輕時候已經埋伏下的因；晚年所得的果，也就是年輕及中年自己所作所為的結果。把人生分三個階段，二十歲前當前生，二十到四十當這一生，四十到六十當後生。這個三世因果也差不多了，或者看近一點，昨天就是前生，今天就是現在生，明天就是來生。

我們很多同學常常跑來跟我開玩笑，老師啊！我前生究竟是什麼？我又沒有神通，但是你自己可以看得見啊，「欲知前生事，今生受者是」，你這一生所遭遇的事，就是前生的果報，「欲知來生事，今生作者是」。佛法最難之處就是這個三世因果，六道輪迴，它承認生命是永恆的，但生命的現象則是變來變去的。

中國文化《易經》也講因果，可是《易經》的因果，與三世不同。像代表儒家的孔孟學說，與代表道家的老莊學說，個個都談到因果的道理。《金剛經》的這一節，特別提出來，假使有人讀誦這個經典，結果為別人輕賤，被人家看不起，就是笑你，甚至說現在的時代，最落伍的是學佛的人，隨便搞一個玩意都好，怎麼去學佛？好像一學佛，這個人在社會上已經被打出去了，落伍到極點，處處被人家輕賤、看不起。佛說你要知道，以因果報應來講，是因為這個人先世的罪業，應該墮於惡道，「以今世人輕賤故，先世罪業，即為消滅」。換句話說，將功折罪，抵那個罪。因為現在作好人、做好事，把過去生的業報減輕了，消滅了，而另外得一個果報；這一個果報太不容易了，「當得阿耨多羅三藐三菩提」，大澈大悟，要成佛。

我們聽了佛這個話，只好對他老人家說，你老人家說的是對啦！但是我是不敢啦！只好客氣一點。你要曉得，世間的福報已經不容易了，何況要想大澈大悟而成佛呢！但是禪宗的頓悟觀念很流行，一般人都想學禪，而且每個年輕人學禪，都在那裡等開悟。還有個同學說，已經坐了一個月了，怎麼還沒有開悟？我說慢慢等吧！再等下去吧！《金剛經》現在告訴你，你看懂了吧！要把過去、現在，自己身心的業報清理完了，開悟的那一點消息才會來，所以永嘉禪師說：「了即業障本來空，未了還須償宿債。」我們人生在世，一切的因果和遭遇，本身一定有其必然的原因，才有其必然的結果。所以《金剛經》這一點，大家不要輕易的看過去了，這是反轉來告訴我們，要如何修持才有結果；必須先要真修行消掉自己的業報，智慧才能啟發。過去生的業報沒有消滅，智慧是啟發不了的；因為你還在受報，所以不會得阿耨多羅三藐三菩提，不會大澈大悟。下面佛自己舉一個例子：

誠敬努力的人

須菩提。我念過去無量阿僧祇劫。於然燈佛前。得值八百四千萬億那由他諸佛。悉皆供養承事。無空過者。

釋迦牟尼佛報告自己的經過，回憶過去無量無數時劫，曾跟隨「那由他諸佛」修持。「那由他」是無量數的意思。釋迦牟尼佛第一次開悟時的老師是然燈佛，中國後來有一本小說《封神榜》中，就有一個然燈古佛。佛在然燈佛那個時候，發心學佛，可是他中間經過的善知識、名師，共有八百四千萬億那麼多的佛，每一個佛前面他都去學，而且供養過。

什麼叫供養呢？像孝順父母一樣的孝順師長，衣服、飲食、臥具、湯藥，四事供養。他說他都「供養承事」，他都曾經替他們做過事，作過弟子；他只要碰見一位善知識，自己絕對不敢放逸，沒有空過的。換句話說，總要學一點回來的。他講的這幾句話，就是說自己的求學精神，勤勞而精進，謙虛而向學。

若復有人。於後末世。能受持讀誦此經。所得功德。於我所供養諸佛功德。百分不及一。千萬億分。乃至算數譬喻。所不能及。

他說，其實當時啊！沒有一個人給他講過般若《金剛經》的道理。現在釋迦牟尼佛本人，說出來這個道理，說假使有一個人，在後來末法的時代，能夠抓住這部經的要點，受持讀誦，他所得的功德，比我當年供養幾千萬億佛的功德還要大，百分不及一，千萬億分所比不上，乃至算盤、電腦，算都算不出來功德有多大。換句話說，我們現在拿著這本經在研究，所有的成果，所得的功德，比釋迦牟尼佛過去所有的功德還要來得大！他是這樣鼓勵我們。

不可思議的果報

須菩提。若善男子。善女人。於後末世。有受持讀誦此經。所得功德。我若具說者。或有人聞。心即狂亂。狐疑不信。須菩提。當知是經義。不可思議。果報亦不可思議。

他告訴須菩提說，未來世上，有受持讀誦《金剛經》的人，所得功德之大，他說啊！我都不敢講出來，我怕講出來以後，有人聽了會狂亂發瘋，甚至於對佛法都不相信了，覺得牛吹得那麼大，沒有這回事。所以佛說，不敢說，說了有人會不相信的，會懷疑的，會發瘋的。

佛是真的沒有說啊！但是他補充了一句，這個經的經義不可思議。你不要以為經文看懂了，就以為懂了《金剛經》，它一層一層道理多得很。「當知是經義」，義是道理，這個理不可思議，不是你的知識範圍所能想像的。

因此，這個經的果報，功德的果報，也不可思議。

第十六品偈頌

業識奔馳相續流　茫茫無岸可回頭
同為苦海飄零客　但了無心當下休

「業識奔馳相續流」，在佛學上說，我們生命的延續，就是一個業識的作用，業識是佛經專有名辭。首先了解佛學上叫「業」，業不是罪，業是一股習慣性的力量。這股力量包括了善的，叫善業；惡的，叫惡業。就是佛經上講的業報，像造業、作業這些名辭，都出於佛經。譬如我們有些小動作，有些人喜歡抓抓耳朵呀，或者抓抓頭呀，這個習慣沒有什麼意識，是無意識自然做出這些動作，就是習慣的力量。

無意識又是什麼呢？現在心理學講的下意識，在佛學上是第六意識背後的一面；譬如現在最流行的第六感呀，靈感呀，都屬於第六意識的範圍。超過了第六意識，是第七八識的範圍，現在心理學就很難解釋，還在研究中。

人生壽命的長短，身體的好壞，甚至於應該生哪一種病，或者環境上應該有哪一種遭遇，都是這個業識的作用。業識分析起來非常麻煩，但是，我們至少有一個了解，我們坐在這裡活著的人，是身體在這裡起作用，渾身每一個細胞都是由於業識作用而存在，而活著。所以上一品佛講身布施，身布施很難，因為業識不容易布施的原故。

譬如我們在座許多青年學打坐，為什麼心靜不下來呢？因為你身體血液還在流，身上的感覺還是有，是業識靜不下來，業識茫茫，靜不下來。如果真拿智慧的力量，心理的作用，克服了這個業識茫茫，把身體的感覺放下來，當然大澈大悟；就算不大澈大悟，也可以小澈小悟吧！所以佛在前面講的以恆河沙等身布施，那決不是一件容易的事，因為身體的感覺布施不了，越打坐病還越多。有些人，靜坐學佛，把那個業識的陳年老帳，統統翻出來了，這些非要還不可，把它還清了，了脫了以後，才能得解脫，才能夠開悟。這個生命中，昨天、今天、明天；去年、今年、明年；年輕、中年、老年，業識的因果連續不斷。學佛的經常有一句話，回頭是岸，岸在哪裡啊？

「茫茫無岸可回頭」，苦海茫茫，回頭是岸，這一句話大家經常說，卻沒有去想岸在哪裡？岸就在回頭那裡，就是因為你回不了頭。

所以我們大家做工夫，譬如打坐的人，兩個眼睛開著也好，閉著也好，你總是注視在前面，沒有辦法回轉來，所以，回頭是岸，這句話已經告訴你岸在什麼地方了。岸是什麼呢？是廣闊，是空靈，到達了回頭是岸的時候是怎麼樣的情況呢？不要忘記《金剛經》的一句話：「此法無實無虛」。你說它空的也不對，說它有也不對，到這個境界你就找到了岸。假使不曉得回頭本身就是岸，那就是「業識奔馳相續流，茫茫無岸可回頭」。

「同為苦海飄零客」，所以我們有一個感嘆，我們眾生，當然我自己也在內，都在茫茫苦海裡頭翻翻滾滾。要怎麼樣才真的解脫呢？怎麼樣才真得道呢？

「但了無心當下休」，當下無心，無心不是沒有念頭啊！說它是念頭，把它壓下去也是不對的。能記住《金剛經》上一句話，「無所住心」，「此法無實無虛」，大致上說來，對真正的修行，可以找到一點眉目了。希望大家在這裡特別注意一下。

最後的結論也就是這一品的原文，「當知是經義，不可思議，果報亦不可思議」，什麼果報不可思議呢？可以使你成佛，這是成佛的捷路。

金剛經說甚麼上冊

建議售價・600元（上下冊不分售）

講　　述・南懷瑾
出版發行・南懷瑾文化事業有限公司
網址：www.nhjce.com
代理經銷・白象文化事業有限公司
412台中市大里區科技路1號8樓之2（台中軟體園區）
出版專線：（04）2496-5995　傳真：（04）2496-9901
401台中市東區和平街228巷44號（經銷部）
購書專線：（04）2220-8589　傳真：（04）2220-8505
印　　刷・基盛印刷工場
版　　次・2019年6月初版一刷
2020年10月初版二刷
2021年9月初版三刷
2022年8月初版四刷
2023年11月初版五刷

設計編印
白象文化
www.ElephantWhite.com.tw
press.store@msa.hinet.net
總監：張輝潭　專案主編：林榮威

國家圖書館出版品預行編目資料

金剛經說甚麼（上下冊）／南懷瑾講述. --初版.--
臺北市：南懷瑾文化，2019.06
面：　公分.
ISBN 978-986-91347-0-5（平裝）
1.般若部
221.44　　103024562